Sigmund Gastiger, Benjamin Lachat
(Hg.)

Schulsozialarbeit – Soziale Arbeit am Lebensort Schule

Bibliografische Information der Deutschen Bibliothek

Die Deutsche Nationalbibliothek verzeichnet diese Publikation in der Deutschen Nationalbibliografie; detaillierte bibliografische Daten sind im Internet über http://d-nb.ddb.de abrufbar

www.lambertus.de
Lektorat: Anita Brutler, Freiburg
Umschlaggestaltung: Nathalie Kupfermann, Bollschweil
Druck: rombach digitale manufaktur, Freiburg im Breisgau
ISBN 978-3-7841-2095-9

Inhalt

Vorwort

Die Skills-Reihe weiß sich seit ihrem ersten Band vor allem der Erweiterung der Methodenkompetenz verpflichtet. Sie ist die Fähigkeit, die den Problemen in den jeweiligen Handlungsfeldern angemessene Methoden einzusetzen.

Aber das Anliegen geht noch um einiges weiter. Der vorliegende Band

Schulsozialarbeit – Soziale Arbeit am Lebensort Schule

will dem Erfordernis Rechnung tragen, dass „am Ort Schule lebenslagen- und alterspezifische Leistungen und Angebote der Jugendhilfe und anderer Bildungsträger eingerichtet und vorgehalten werden (müssen) ... Ziel ist dabei der Aufbau einer kommunalen Bildungslandschaft als Infrastruktur für Kinder und Jugendliche, die getragen wird von Leistungen und Einrichtungen der Schule, der Kinder -und Jugendhilfe, von kulturellen Einrichtungen, Verbänden und Vereine, Institutionen der Gesundheitsförderung sowie von privaten und gewerblichen Akteuren vor Ort“ (Bundesministerium für Familie 2005, 350/351).

Dabei sind sozialpädagogische Fachkräfte der Schulsozialarbeit häufig „Landschaftsgärtner“. Das notwendige Handlungsinventar für ihren „Werkzeugkasten“ beschreibt dieses Buch.

Methoden und Handlungskonzepte sollen helfen bei der Lösung unterschiedlicher Aufgaben, bei denen wenigstens vier Bereiche herausragen:

- Einzelhilfe und Beratung in individuellen Problemsituationen
- Sozialpädagogische Gruppenarbeit, Projekte und Arbeit mit Schulklassen
- Innerschulische und außerschulische Vernetzung und Gemeinwesenarbeit
- Offene Angebote für alle Schülerinnen und Schüler

Exemplarische Fallbeschreibungen aus den vier Kernaufgabenfeldern markieren die Herausforderungen der Sozialarbeiter/Sozialpädagogen in den Arbeitsfeldern und benennen Methoden und Handlungskonzepte, die Lösungen oder bescheidener: Problembearbeitungen ermöglichen.

Zu ihnen gehören dann auch als spezifische Handlungskompetenzen Skills (Fertigkeiten, bestimmte Problemlösungstechniken, Muster) die für die Schulsozialarbeit konstitutiv sind.

August 2012

Sigmund Gastiger

1. Schulsozialarbeit – inmitten einer blühenden Bildungslandschaft. Eine visionäre Annäherung an das Thema

Schulsozialarbeit als vielseitiges Arbeitsfeld für Sozialarbeiter und Sozialpädagogen[1] hat sich in den letzten Jahren in Deutschland ganz vielfältig entwickelt. Mancherorts begann es als kleines Pflänzchen, das zu einem mächtigen Baum heranwuchs. Andernorts blieb es bei kleinen Trieben und zarten Wurzeln ...

Wie wird sich die Schulsozialarbeit als Bestandteil lokaler Gesamtsysteme von Bildung, Erziehung und Betreuung wohl in zehn Jahren darstellen?

Nähern wir uns dem Thema zunächst mit einem Zukunftsbild:

> Josef[2] freut sich auf den Tag. Einerseits. Andererseits ist er auch ein wenig traurig, dass seine Schulzeit an der Gemeinschaftsschule in seinem Ort heute enden wird. Nach den Sommerferien wird er seine Ausbildung als Mechatroniker beginnen. In einem Betrieb im Gewerbegebiet der Nachbarstadt. Bis dahin war es ein langer Weg – der Josef jetzt aber schon viel zu kurz vorkommt. Er wäre ihn gerne noch länger gegangen.
>
> Als Josef drei Jahre alt war, waren seine Eltern und er aus einem anderen Bundesland in die Kleinstadt gezogen, in der er seit dem lebt. Von Beginn an hat er sich wohlgefühlt: im Waldkindergarten und später dann im Bildungshaus auf dem kommunalen BildungsCampus. Als er dann „offiziell“ in die Primarstufe der Schule wechselte, kannte er die meisten seiner Lernpartner bereits – sowohl die Kinder, als auch die erwachsenen Lernbegleiter. Er hat Schule nie als etwas Einschränkendes und Belastendes erlebt. Für ihn war es der Ort, an dem er seine Ideen ausprobieren konnte, Neues erfahren hat, gemeinsam mit anderen Kindern spielen und toben konnte. Natürlich gab es auch Zeiten mit Streit, Ärger, Traurigkeit oder Langeweile. Aber das, so hat Josef

[1] Zu Gunsten der einfacheren Lesbarkeit verwende ich sowohl für die männliche wie die weibliche Form (in der Regel) die männliche Form. Selbstverständlich können jeweils auch Frauen beziehungsweise Männer gemeint sein.

[2] Josef könnte auch Yusuf, Joe, Giuseppe, José, Josip oder Joscha heißen. Und selbstverständlich genauso Josefine, Josefa, Giuseppina, Josipa oder Joža.

schnell gelernt, ist nichts Bedrohliches sondern gehört zum Leben selbstverständlich dazu.

Auch Josefs Eltern waren und sind sehr glücklich über die enge Verzahnung von Bildung, Erziehung und Betreuung in ihrem Lebensort. Sie hatten schnell Kontakte zu anderen jungen Familien gefunden. Josefs Mutter hatte von Beginn an in der Elterngruppe des Bildungshauses mitgewirkt: Sie organisierte regelmäßig Gesprächs- und Infoabende für Eltern, Erzieher und Lehrer. Josefs Vater, von Beruf Tischler, hatte Lust seine dreijährige Elternzeit aktiv ehrenamtlich zu nutzen und sich beim Ausbau des Waldkindergartens einzubringen. Gemeinsam mit anderen Eltern und Großeltern, Auszubildenden eines lokalen Zimmereifachgeschäfts und Schülern der Schule plante und baute er ein großes Baumhaus im Gemeindewald. Gemeinsam mit den anderen Kindergartenkindern konnte Josefs Schwester dann nach einem bunten Einweihungsfest die neuen Räumlichkeiten in den Baumwipfeln in Besitz nehmen. Stolz erklärte sie den regelmäßig zu Besuch kommenden älteren Menschen aus der Seniorenwohnanlage die vielen Dinge, die es im Wald rund um das Baumhaus zu entdecken gibt.

Alle drei Wochen treffen sich Josefs Eltern mit anderen am Schulleben Beteiligten – beispielsweise mit Kindern und Jugendlichen, Lehrern (welche sich hier seit einigen Jahren Lernbegleiter nennen), Mitarbeitern aus Betrieben, anderen Eltern, pädagogischen Fachkräften aus den Kindergärten, Vereinsvertretern und dem Schulsozialarbeiter – in einer der vielen Arbeitsgruppen, um gemeinsam den Rahmen für die nächsten Lernangebote zu planen. Als Eltern ist es ihnen wichtig, dass sie „Hand in Hand“ mit den Bildungsprofis in der Schule den Boden für die Bildung ihrer Kinder bereiten können.

Zwei Personen gab es jedoch, die für Josef besonders wichtig geworden waren in den letzten Jahren: seine Schulsozialarbeiter Simone Reisig und Max Michels. Über die gesamte Schulzeit hinweg begleiteten sie ihn auf unterschiedliche Art und Weise und wurden für Josef und viele seiner Schulfreunde so etwas wie „der rote Faden“ in der Schule.

Bereits damals bei der Aufnahmefeier in die Primarstufe waren ihm die beiden positiv aufgefallen, als sie mit einer spannenden Diaschau zeigten, was die Schulsozialarbeit über die Schulzeit hinweg mit den Kindern und Jugendlichen unternehmen würde. Das Bild, das die beiden Sozialpädagogen allen Kindern damals geschenkt hatten, hat Josef heute noch. Es zeigt einen verschlungenen Weg durch einen Urwald, dessen Ende noch nicht zu sehen ist.

Wie der Weg jedes einzelnen Kindes aussehen könnte, war dann auch Thema des Trainings sozialer Kompetenz in Josefs zweitem Primarschuljahr. Jede Woche traf sich die Klasse mit einem der beiden Schulsozialarbeiter für zwei Stunden – im Klassenzimmer, im Projekteraum der Schule, im Bildungshaus oder an einem anderen interessanten Platz irgendwo im Ort. Manchmal war außer Max oder Simone (die Kinder und Jugendlichen dürfen die Schulsozialarbeiter mit Du anreden, wenn sie möchten) und der Lehrerin noch ein weiterer Erwachsener dabei, beispielsweise eine Großmutter oder ein Polizist.

Ab Klasse 3 gibt es in allen Jahrgangsstufen an der Schule den Klassenrat, in dem die Kinder nach bestimmten Regeln und eigenverantwortlich ihre gemeinsamen Anliegen besprechen. Den hatte auch der Schulsozialarbeiter Max eingeführt und die ersten Male moderiert.

Wenn es kleinere Streitigkeiten mit Mitschülern gab, konnte Josef immer zu den Schülermediatoren gehen. Das sind ältere Jugendliche, die von einer Lehrerin und der Schulsozialarbeiterin dazu ausgebildet wurden, anderen Schülern bei der Lösung ihrer Konflikte zu helfen. Josef wäre gerne öfter zu ihnen gegangen, denn „die Großen" konnten ihm eine Menge beibringen. Doch so oft stritt er sich gar nicht mit anderen Kindern.

In den Ruhephasen zwischen den Lerneinheiten hielt sich Josef schon immer gerne im offenen Raum, dem Kommunikationszentrum an der Schule oder auf dem Pausenhof auf. Fast täglich organisierten ältere Jugendliche tolle Aktionen für die Pause: Sportangebote, Musik und Tanz oder einfach gemeinsam was Spielen. Und immer wieder mal waren auch Simone Reisig und Max Michels da. Einfach nur so. Als Ansprechpartner und weil die beiden selbst gerne ihre Pausen mit den Kindern, Jugendlichen und anderen Erwachsenen der Schule verbrachten.

Als Josef dann in seinem fünften Schuljahr war, sein drittes in einer jahrgangsgemischten Klasse, kam Max wieder jede Woche zu ihnen: Training sozialer Kompetenz „für die Großen". Sie beschäftigten sich ein Jahr lang viel mit sich selbst, der Klassengemeinschaft und wichtigen Themen aus ihrer Stadt. Der Höhepunkt war die einwöchige Klassenfahrt. Alle zusammen fuhren mit dem Kanu die Donau von ihrem Ursprung bis nach Ulm hinunter. Und die Kinder hatten (fast) alles selbst organisiert. Unterstützt von Max, ihren Lehrern und Eltern.

Zu Beginn seines sechsten Schuljahres – Josef kam in die Pubertät – gab es zuhause mit seinen Eltern regelmäßig größeren Streit. Eigentlich waren es nur Kleinigkeiten, das wussten sie alle – und trotzdem war der

Konflikt da. Wie gut, dass der Schulsozialarbeiter die Familie in dieser Zeit unterstützte. Da auch Josefs Eltern Max Michels von Beginn der Schulzeit an kannten, war es selbstverständlich für sie, sich bei ihm Rat zu holen. Und alle stimmten Max Vorschlag zu, eine Mediation gemeinsam mit allen Beteiligten durchzuführen. Erfolgreich! Die Stimmung zuhause besserte sich nachhaltig.

Josef genoss es mit zunehmendem Alter immer mehr, dass er von 7.00 Uhr morgens bis 20.00 Uhr abends (manchmal auch länger) auf den BildungsCampus kommen konnte. Auch nachmittags oder abends war irgendwo immer jemand da: Jugendliche, die selbstständig an einem Projekt arbeiteten, Lehrer, die vorbereiteten oder für Gespräche zur Verfügung standen, Trainer und Jugendleiter von Vereinen, die Angebote machten, Dozenten und Kursteilnehmer der Volkshochschule, Mitarbeiter der offenen Jugendarbeit, die Schulsozialarbeiter, … Die Schule war für ihn immer mehr zu einem l(i)ebenswerten Ort geworden.

Die Tatsache, dass Lernen in seinem Wohnort schon lange nicht mehr nur Sache der Kinder und Jugendlichen ist, sondern sich auch die Erwachsenen als lebenslang Lernende begreifen, findet Josef sowieso besonders klasse. Deshalb arbeitet er auch seit einigen Jahren am Aufbau und an der Pflege des BildungsNetzes mit, einer interaktiven Internetplattform für die Stadt, in der Josef lebt.

Max Michels war es, der Josef dann auch darin bestärkt hatte, sich als Vertreter der Jugendlichen in den kommunalen Bildungsbeirat der Gemeinde wählen zu lassen. Josef vertritt nun schon seit zwei Jahren die Interessen der 14–18-Jährigen in dem wichtigen Gremium.

Immer wieder haben die Schulsozialarbeiter AGs und Lernangebote initiiert und begleitet, die von Jugendlichen selbst angeboten werden. Auch Josef hat sich als Lernlotse ausbilden lassen. Regelmäßig geht er mit interessierten Erwachsenen auf Entdeckungstour im Internet. Er erklärt E-Mail, Instant Messaging und social communities. Und er erläutert, an welchen Stellen man besonders vorsichtig sein sollte. Er selbst hat im letzten Jahr einen Kurs gemacht, den die freiwillige Feuerwehr und das Rote Kreuz gemeinsam anboten: Ersthelfer in Notsituationen.

In den letzten beiden Jahren an der Gemeinschaftsschule konzentriert sich Josef voll und ganz auf das Thema Berufsorientierung. Es gibt ja so viele spannende Ausbildungsberufe, da fällt es gar nicht leicht, den Passenden zu finden. Doch auch hier half ihm das Programm, das unter Koordination der Schulsozialarbeit für die Jugendlichen in dem Ort entwickelt wurde. Jeder Jugendliche, der das möchte, erhält in dem kleinen Ort auch einen Ausbildungsplatz. Und damit eine Lebensperspektive.

Neben den ganz praktischen Infos zu Bewerbungsunterlagen, die unter anderem von einem Personalvorstand eines großen Konzerns persönlich gegeben wurden, Simulationen von Vorstellungsgesprächen mit örtlichen Unternehmern und jeder Menge Praktika, half vor allem das intensive Coaching durch den Schulsozialarbeiter. Auch die wöchentlichen Treffen mit Hans Meier, einem ehrenamtlichen erwachsenen Job-Paten, machten ihm bewusst, dass eine Berufsausbildung der nächste richtige Schritt auf seinem Weg ist.

Mit seinen Eltern und seiner Schwester steht Josef nun am Fahrradabstellplatz am Rand des BildungsCampus und wartet auf Hans Meier. Gemeinsam gehen sie jetzt zu seiner Abschlussfeier hier an der Schule. Was wird jetzt für ihn kommen? Was hat er in den letzten Jahren alles gelernt?

Josef hat gelernt zu leben.

„Auf ‚leben lernen‘ kommt es an“, so das Bundesministerium für Familie, Senioren, Frauen und Jugend in seiner Stellungnahme zum Zwölften Kinder- und Jugendbericht[3]. Die vielfältigen Veränderungsprozesse der heutigen Gesellschaft stellen für uns alle – und für die Kinder und Jugendlichen in besonderem Maße – eine große Herausforderung dar. Um das „Leben lernen“ in immer komplexer werdenden Situationen gelingen zu lassen, gilt es, so die Ludwigsburger Bildungsexperten Müller/Schweizer/Wippermann[4], „unsere Bildungsinstitutionen von ‚Lernanstalten‘ zu vielfältigen und inspirierenden ‚Lernlandschaften‘ umzubauen. Die traditionellen Formen des Lernens, überkommene Konzepte und Methoden greifen zu kurz.“

Die Bundesregierung stimmt ausdrücklich der Empfehlung der Sachverständigenkommission zu, dass „am Ort Schule lebenslagen- und altersspezifische Leistungen und Angebote der Jugendhilfe und anderer Bildungsträger eingerichtet und vorgehalten werden“[5] müssen und somit viele Bildungsorte und Lernwelten einbezogen werden. „Das Zusammenspiel unterschiedlicher Bildungsakteure und -gelegenheiten ist sozialräumlich

[3] Bundesministerium für Familie 2005, S. 12
[4] Müller/Schweizer/Wippermann 2008, S. 72
[5] Bundesministerium für Familie 2005, S. 350

auszugestalten und in kommunaler Verantwortung zu organisieren. Ziel ist der Aufbau einer kommunalen Bildungslandschaft als Infrastruktur für Kinder und Jugendliche, die getragen wird von Leistungen und Einrichtungen der Schule, der Kinder- und Jugendhilfe, von kulturellen Einrichtungen, Verbänden und Vereinen, Institutionen der Gesundheitsförderung sowie von privaten und gewerblichen Akteuren vor Ort."[6] Die Schulsozialarbeit als Handlungsfeld der Kinder- und Jugendhilfe zählt hierbei zum Kern: Sie ist „durch ihre unmittelbare Verwobenheit in das Schulgeschehen direkt in die Unterstützung und die Förderung der Bildung von Kindern und Jugendlichen eingebunden."[7] Hierbei hat sie „wie kein anderer Arbeitsbereich Pionierarbeit für eine gemeinsame, von Jugendhilfe und Schule getragene Verantwortung für die Erziehung und Bildung von Kindern und Jugendlichen geleistet."[8]

Dort, wo der Umbau im Gange ist und sozialpädagogische Fachkräfte der Schulsozialarbeit vor Ort sind, erscheinen diese häufig als „Landschaftsgärtner" in der Gestaltung neuer Bildungslandschaften. Sie sind diejenigen, die aufgrund ihres Studiums und ihrer Berufspraxis für viele der konkret anstehenden Aufgaben die passende Handlungskompetenz haben. Als professionelle Sozialarbeiter/Sozialpädagogen tragen sie durch ihr Handeln dazu bei, dass Bildung als „ein umfassender Prozess der Entwicklung einer Persönlichkeit in der Auseinandersetzung mit sich und ihrer Umwelt"[9] für alle Kinder und Jugendlichen gelingen kann.

Welche Methoden und Handlungskonzepte dabei im Einzelnen im „Werkzeugkasten" der Schulsozialarbeiter verfügbar sein sollten, um wirksam agieren zu können, ist Gegenstand dieses Buches.

Es beschreibt aus der Perspektive des Praktikers: mit dem Anspruch, in einer alltagsnahen Sprache aktuelle Herausforderungen und mögliche Antworten der Schulsozialarbeit hierauf zu veranschaulichen. Um der damit zwangsläufig verbundenen Gefahr des „Zuviel-an-Subjektivität" zu begegnen, wird immer wieder Bezug genommen auf andere, vor allem auch wissenschaftliche Quellen.

Wenn beim Leser dann unter Umständen der Eindruck entsteht, dass hierbei einzelne Werke häufiger zitiert werden, dann ist das darauf zurückzuführen, dass diese dem Autor ausgesprochen tauglich zu sein scheinen – für die verständliche und strukturierte Darstellung von Schulsozialarbeit sowie eine anzustrebende Standardisierung des Arbeitsfelds.

---

[6] Bundesministerium für Familie 2005, S. 351
[7] Bundesministerium für Familie 2005, S. 93
[8] Kommunalverband für Jugend und Soziales Baden-Württemberg 2010, S. 7
[9] Bundesministerium für Familie 2005, S. 31

2. Schulsozialarbeit – ein Überblick über die aktuelle Situation dieses Arbeitsfelds Sozialer Arbeit

2.1 Der Begriff „Schulsozialarbeit" – eine praxistaugliche Definition

Schulsozialarbeit: Was ist das? Auf diese Frage gibt es sehr viele unterschiedliche, viele gute und manch irreführende Antworten. Keinesfalls gibt es *die* Antwort. Denn trotz einer mittlerweile über 40-jährigen Entwicklung in Deutschland gibt es für dieses Handlungsfeld Sozialer Arbeit noch keine allgemeingültige und abschließende Definition.

„Schulsozialarbeit ist das, was Schulsozialarbeiter tun." Diese Aussage ist immer wieder zu hören, auch von Fachkräften selbst.[10] Sie ist zwar regelmäßig richtig, aber geradezu inhaltsarm, beinhaltet keinerlei qualitative Aussagen und ist daher als Definition untauglich.

Nähern wir uns dem Begriff zunächst einmal mit einem eher alltagssprachlichen Sprachverständnis. Das Wort Schulsozialarbeit lässt sich trennen: in Schul(e) und Sozialarbeit. Offensichtlich hat es mit der Institution Schule als Objekt zu tun beziehungsweise findet am Ort Schule statt. Handelndes Subjekt scheint Sozialarbeit beziehungsweise scheinen Sozialarbeiter zu sein. In dieser Weise wird der Begriff in der Regel auch von unterschiedlichen Anspruchsgruppen der Schulsozialarbeit[11] verstanden und benutzt. Hiermit verbunden sind allerdings immer noch unterschiedlichste Vorstellungen davon, was da inhaltlich geschieht.

Der Begriff Schulsozialarbeit „ist in Deutschland inzwischen zwar weitgehend gebräuchlich"[12], wird aber nicht nur von fachlichen Laien mehrdeutig und neben anderen verwandt. Selbst in Fachpublikationen finden sich noch allerlei andere Begriffe für inhaltlich Vergleichbares: Sozialarbeit in der Schule, schulbezogene Jugendsozialarbeit, sozialpädagogisches Handeln in der Schule, schulalltagsorientierte Sozialpädagogik, schulbezogene

[10] Vermutlich bringt dieser Satz auch die Schwierigkeit zum Ausdruck, gegenüber Nicht-Fachleuten in wenigen Worten das komplexe Arbeitsfeld Schulsozialarbeit verständlich und doch hinreichend vollständig zu beschreiben.

[11] Beispielsweise Kinder und Jugendliche, Eltern, Lehrer, Gemeinderäte, Unternehmer, Medienvertreter, andere Fachkräfte sozialer Arbeit, Vertreter von Vereinen, …

[12] Speck 2009, S. 27

Jugendhilfe, Schul Soziale Arbeit, Schul-Soziale Arbeit oder Jugendsozialarbeit an Schulen.[13]

Als Grundlage für das professionelle Handeln als Schulsozialarbeiter ist es notwendig, für sich eine Vorstellung davon zu entwickeln und immer wieder kritisch zu reflektieren, was man wie, mit wem, warum und mit welchem Ziel erreichen möchte. Diese Vorstellung kulminiert idealerweise in einer griffigen Definition, die diese Aspekte hinreichend umfasst.

Überall wo Schulsozialarbeit tätig ist, sollte sie auf der Grundlage eines schriftlich fixierten Konzepts[14] handeln. Dieses Dokument sollte unter anderem auch die der Arbeit zugrunde liegende Definition beinhalten.

In immer mehr Konzepten von Schulsozialarbeit wird mit der Definition nach Speck gearbeitet. Sie hat sich in der und für die Praxis bewährt und dient auch als Grundlage für das Verständnis von Schulsozialarbeit in diesem Buch:[15]

> „Unter Schulsozialarbeit wird […] ein Angebot der Jugendhilfe verstanden, bei dem sozialpädagogische Fachkräfte kontinuierlich am Ort Schule tätig sind und mit Lehrkräften auf einer verbindlich vereinbarten und gleichberechtigten Basis zusammenarbeiten, um junge Menschen in ihrer individuellen, sozialen, schulischen und beruflichen Entwicklung zu fördern, dazu beizutragen, Bildungsbenachteiligungen zu vermeiden und abzubauen, Erziehungsberechtigte und LehrerInnen bei der Erziehung und dem erzieherischen Kinder- und Jugendschutz zu beraten und zu unterstützen sowie zu einer schülerfreundlichen Umwelt beizutragen“[16].

Auf die einzelnen Aspekte dieser Definition wird in den folgenden Abschnitten eingegangen.

[13] vgl. Bundesministerium für Familie 2005, S. 261

[14] Den Begriff Konzept verwende ich für das Dokument, in dem die Grundlagen für die Arbeit festgehalten sind. Unter Konzeption verstehe ich den Prozess, in dem diese Grundlagen erarbeitet werden.

[15] Auch das Netzwerk Schulsozialarbeit Baden-Württemberg hat sie als „für die Praxis tauglich“ befunden und empfiehlt sie – beispielsweise in der Praxisberatung. Siehe www.netzwerk-schulsozialarbeit.de.

[16] Speck 2006, S. 23

2.2 Zum aktuellen Ausbaustand der Schulsozialarbeit in Deutschland

Anders als in anderen Arbeitsfeldern Sozialer Arbeit, die bundesweit vergleichbar sind, gibt es für die Schulsozialarbeit bislang keine einheitliche Statistik und somit auch keine verlässlichen Daten, die eine belastbare Aussage zum quantitativen Ausbaustand der Schulsozialarbeit erlauben würden.[17] In einzelnen Bundesländern wurden und werden – oftmals verbunden mit Landesförderprogrammen, dann aber oft auch nur für die geförderten Standorte – Daten zur Schulsozialarbeit erhoben. Den vollständigsten Überblick bietet hier sicherlich Speck[18].

Was sich sowohl dort als auch bei genauerem Blick auf einzelne Bundesländer zeigt, ist ein stetiger und teilweise stark steigender Trend zur quantitativen Ausweitung der Schulsozialarbeit.

Am Beispiel Baden-Württembergs lässt sich zeigen, wie sich die Auffassung, dass Schulsozialarbeit ein „wichtiger Partner und Qualitätsmerkmal für eine gute Schulkultur"[19] ist, immer mehr durchsetzt und sich auch tatsächlich in steigenden Zahlen ausdrückt: Waren bei der erstmaligen Erhebung des Kommunalverbandes für Jugend und Soziales Baden-Württemberg zu den personellen Ressourcen der Städte und Landkreise im Arbeitsfeld Jugendsozialarbeit/Schulsozialarbeit im Jahr 2006 umgerechnet 487 Vollkraftstellen an allgemeinbildenden und berufsbildenden Schulen erhoben worden, so hat sich die Zahl bis zum Jahr 2010, also in vier Jahren, um rund 63 Prozent auf 775 Vollkraftstellen Schulsozialarbeit erhöht.[20]

Allerdings stehen den 605 Vollstellen an allgemeinbildenden Schulen auch 3.790 öffentliche allgemeinbildende Schulen gegenüber, so dass „noch nicht von einer flächendeckenden, bedarfsgerechten Versorgung ausgegangen werden"[21] kann. Man kann davon ausgehen, dass bundesweit der von Fachleuten empfohlene Ausbaustand von einem Schulsozialarbeiter für 200 Schüler[22] bzw. eine Fachkraft auf 150 Schüler[23] in den seltensten Fällen erreicht ist.

---

[17] In Bundesministerium für Familie 2005, S. 268 werden Zahlen aus der Kinder- und Jugendhilfestatistik von 1998 und 2002 verglichen. Diese scheinen mir insgesamt sehr niedrig auszufallen. Interessant ist aber der zitierte zahlenmäßige Ausbau der Schulsozialarbeit.

[18] Speck 2009, S. 19ff.

[19] Kommunalverband für Jugend und Soziales Baden-Württemberg 2010, S. 4

[20] Fischer-Orthwein 2011, S. 6

[21] Fischer-Orthwein 2011, S. 8

[22] Bolay et al. 2004, S. 295

Auch hinsichtlich des qualitativen Ausbaus von Schulsozialarbeit lassen sich – zwangsläufig mit dem quantitativen Stand verbunden – größere Unterschiede in ganz Deutschland feststellen. Es leuchtet ein: Wenn beispielsweise auf einen Schulsozialarbeiter mit einer halben Stelle 1.500 Schüler kommen, kann die Intensität und letztlich die Wirksamkeit der Arbeit nicht annähernd vergleichbar sein mit der bei den in oben zitierten Empfehlungen personellen Rahmenbedingungen. „Stärkere Abweichungen von dieser Orientierungsgröße nach unten erfordern deutliche Schwerpunktsetzungen im Arbeitsauftrag und haben Einschränkungen bei den Kernleistungen der Schulsozialarbeit und im Erreichungsgrad zur Folge, bzw. erfordern ggf. ergänzende Angebote und Leistungen Dritter“.[24]

In einzelnen Bundesländern wie Baden-Württemberg, Bayern, Niedersachsen, Rheinland-Pfalz oder Sachsen lässt sich beobachten, dass zunehmend vergleichbare Qualitätsstandards definiert und von Trägern und Fachkräften als Leitlinien für die Praxis anerkannt werden. Eine wichtige Rolle nehmen hierbei auch die Verbände und Organisationen ein, in denen sich die Fachkräfte und Träger zusammengeschlossen haben.[25]

2.3 Schulsozialarbeit als Handlungsfeld der Kinder- und Jugendhilfe

Die Schulsozialarbeit ist ein eigenständiges Handlungsfeld der Jugendhilfe. Die sozialpädagogischen Fachkräfte der Schulsozialarbeit sind in der Sozialen Arbeit, der die Kinder- und Jugendhilfe als Subsystem untergeordnet ist, angesiedelt. Sie sehen sich ihren Werten, Grundsätzen und Handlungsprinzipien verpflichtet und bedienen sich ihrer Handlungskonzepte, Methoden und Techniken. Die Ausbildung der Schulsozialarbeiter erfolgt in (Fach-)Hochschulstudiengängen für Soziale Arbeit.

In der Praxis bedeutet dies, dass auch die kontinuierliche fachliche Anbindung an die Kinder- und Jugendhilfe unerlässlich ist. Anstellungsträger

[23] Kooperationsverbund Schulsozialarbeit 2009, S. 44

[24] Kommunalverband für Jugend und Soziales Baden-Württemberg 2010, S. 23

[25] Einen Überblick über landes- und bundesweite Vernetzungsstrukturen bietet die Website www.schulsozialarbeit-in-deutschland.de

von Schulsozialarbeit sollten in der Regel öffentliche[26] oder freie[27] Träger der Jugendhilfe sein, bei denen dann auch die Fachaufsicht liegt.[28]

Für die Kinder- und Jugendhilfe hat der Gesetzgeber mit dem Sozialgesetzbuch Achtes Buch – Kinder- und Jugendhilfe (SGB VIII) eine starke präventive, partizipatorische und freiwillige (Dienstleistungs-) Orientierung formuliert[29]. Die Jugendhilfe soll nach § 1 Abs. 3 SGB VIII „insbesondere

1. junge Menschen in ihrer individuellen und sozialen Entwicklung fördern und dazu beitragen, Benachteiligungen zu vermeiden oder abzubauen,
2. Eltern und andere Erziehungsberechtigte bei der Erziehung beraten und unterstützen,
3. Kinder und Jugendliche vor Gefahren für ihr Wohl schützen,
4. dazu beitragen, positive Lebensbedingungen für junge Menschen und ihre Familien sowie eine kinder- und familienfreundliche Umwelt zu erhalten oder zu schaffen.“

Daraus lässt sich als zentrale Funktion der Jugendhilfe die Integration von Kindern und Jugendlichen in die Gesellschaft ableiten.

„Die Tätigkeit von Lehrern und Schulsozialarbeitern unterscheidet sich durch verschiedene Aufträge, Aufgabenschwerpunkte, Fachkompetenz und Arbeitsweisen.“[30] Sich dieses immer wieder bewusst zu machen und gegenüber unterschiedlichsten Anspruchsgruppen zu betonen, ist für Schulsozialarbeiter im Alltag sehr bedeutsam. Die sozialpädagogischen Fachkräfte der Schulsozialarbeit sind – in der Regel – die einzigen ihrer Profession an der jeweiligen Schule. Ihnen gegenüber steht ein schulpädagogisches Kollegium aus Schulleitung und Lehrkräften.[31] Da bedarf es dann durchaus fester Wurzeln in der eigenen Fachlichkeit und gut ausgeprägter kommunikativer Kompetenz, um auch in konflikthaften Situationen professionell als Sozialarbeiter agieren zu können.

---

[26] Jugendämter der Landkreise oder kreisfreien Städte, Städte und Gemeinden

[27] Wohlfahrtsverbände und ihre Mitgliedsorganisationen, andere als Träger der Kinder- und Jugendhilfe anerkannte privatrechtlich verfasste Organisationen

[28] Das dies in den Anfangszeiten der Schulsozialarbeit noch nicht selbstverständlich war, belegt beispielsweise Bundesministerium für Jugend 1990, S. 122

[29] vgl. Speck 2009, S. 36

[30] Kommunalverband für Jugend und Soziales Baden-Württemberg 2010

[31] „Ihnen gegenüber steht … “ – manchmal eine undurchdringliche schulpädagogische Phalanx. So drastisch erleben es tatsächlich vor allem viele Neueinsteiger in die Schulsozialarbeit.

Das System Schule hat, und dies im Unterschied zur Kinder- und Jugendhilfe, nach Fend neben der Integrationsfunktion auch eine gesellschaftlich zugewiesene Qualifikations- sowie eine Selektionsfunktion[32]. Das Spannungsverhältnis von Integration und Differenzierung führt dazu, dass die Schule in Konzentration auf Qualifikation und Selektion die Integration strukturell vernachlässigt.

Schulsozialarbeit ist eine große Chance für Schule, wenn sich die einzelne Schule der oben beschriebenen Spannung bewusst wird und sich für eine partnerschaftliche Kooperation auf Augenhöhe mit der Jugendhilfe entscheidet.

2.4 Schulsozialarbeit als Akteur ganzheitlicher Bildung und Teil kommunaler Bildungslandschaften

Schulsozialarbeiter sind sozialpädagogische Bildungsakteure[33]. Durch ihr professionelles Handeln tragen sie dazu bei, dass sich Kinder und Jugendliche zu eigenverantwortlichen und gemeinschaftsfähigen Persönlichkeiten entwickeln.[34] Sie arbeiten nach dem Grundsatz der Ganzheitlichkeit und dem Prinzip des Lebensweltbezugs. Sie beurteilen Kinder und Jugendliche – und selbstverständlich auch alle anderen Menschen, mit denen sie interagieren – nicht nur in kognitiv-intellektuellen Kategorien, sondern richten ihren Blick genauso auf körperliche sowie affektiv-emotionale Aspekte. Die sozialpädagogischen Fachkräfte gestalten ihre Angebote so und wählen ihre Methoden und Handlungskonzepte entsprechend, dass junge Menschen neben den geistigen, kulturellen und lebenspraktischen Fähigkeiten auch ihre personalen und sozialen Kompetenzen erweitern können.

Auch wenn die moderne Schule dasselbe Selbstverständnis formuliert und Schulgesetze und Bildungspläne die Lehrkräfte zu ganzheitlicher Bildung „mit Kopf, Herz und Hand" in diesem Sinne verpflichten, scheint es in der Praxis vielerorts so zu sein, dass gerade die „Bildung mit Herz" vor allem von der Schulsozialarbeit initiiert und gestaltet wird. Bildung ist eben auch mehr als Schule.

---

[32] zitiert bei Speck 2009, S. 37

[33] Im Verständnis von „Bildung" folge ich Ulrich Müller: „Bildung bezeichnet den Prozess der Entwicklung von Individualität und Persönlichkeit eines Menschen in der Auseinandersetzung mit der ihn umgebenden sozialen und natürlichen Umwelt. [...] Diese Aufgabe betrifft den ganzen Menschen ‚mit Kopf, Herz und Hand'." (Müller 2009, S. 74)

[34] vgl. §1 SGB VIII

Die Schulsozialarbeit wird in Deutschland weitgehend kommunal finanziert[35]. Somit entscheiden in der Regel auch die gewählten kommunalen Volksvertretungen[36] über die Einrichtung und die konzeptionelle Rahmung der einzelnen Standorte. Hierbei steht die Schulsozialarbeit in Konkurrenz zu den anderen Aufgaben der Gemeinden. Und doch sehen die Verantwortlichen in Gemeinden, Städten und Landkreisen immer häufiger die Chancen, die sich mit Schulsozialarbeit für sie hinsichtlich erfolgreicher Bildungsprozesse „ihrer" jungen Menschen ergeben, und sind bereit sie zu finanzieren. An der Schnittstelle zwischen Jugendhilfe und Schule und als kommunal bereit gestelltes Angebot agiert die Schulsozialarbeit oftmals als Türöffner aus der Schule heraus ins lokale Gemeinwesen hinein – und umgekehrt.

Und so kommt der Schulsozialarbeit faktisch eine zentrale Bedeutung in der Ausgestaltung kommunaler Bildungslandschaften zu.

Eine kommunale Bildungslandschaft ist ein „vernetztes System von Bildung, Erziehung und Betreuung beziehungsweise von entsprechenden Institutionen und Organisationen, die in einer Kommune vertreten sind – eingefügt in ein kommunales Gesamtkonzept ganzheitlicher Bildung, in dem die verschiedenen Bereiche zusammenwirken mit dem Ziel, Kinder und Jugendliche entlang ihrer Bildungsbiografie individuell zu fördern."[37]

Im Oktober 2005 unterrichtete die Bundesregierung den Deutschen Bundestag über den Zwölften Kinder- und Jugendbericht und ihre Stellungnahme hierzu[38]. Als Beitrag zur anschließenden Auseinandersetzung mit dessen Inhalten erschien im Juni 2007 das Diskussionspapier des Deutschen Vereins zum Aufbau Kommunaler Bildungslandschaften[39] sowie im November 2007 die darauf aufbauende Aachener Erklärung des Deutschen Städtetages anlässlich des Kongresses „Bildung in der Stadt" am 22./23. November 2007[40].

Viele Kommunen haben seitdem „das Leitbild der ‚Kommunalen Bildungslandschaft' aufgegriffen und die notwendigen Inhalte und konkrete Planungsschritte weiterentwickelt, um ‚die kommunale Bildungsverant-

[35] Auch wenn Schulsozialarbeit bei einem freien Träger der Jugendhilfe angesiedelt ist, sind die Stellen in der Regel nahezu vollständig aus öffentlichen Mitteln refinanziert.

[36] Beispielsweise Gemeinderat, Abgeordnetenhaus, Bürgerschaft, Gemeindevertretung, Stadtrat, Stadtverordnetenversammlung, Stadtvertretung, Rat der Stadt/Rat der Gemeinde, Ratsversammlung, Kreistag, Bezirkstag

[37] Weiß 2011, S. 181

[38] vgl. Bundesministerium für Familie 2005

[39] vgl. Deutscher Verein für öffentliche und private Fürsorge 2007

[40] vgl. Deutscher Städtetag 2007

wortung‘ zu stärken“[41] und die vor Ort vorhandenen Angebote von Bildung, Erziehung und Betreuung zu einem konsistenten Gesamtsystem zusammen zu führen.

„Schulsozialarbeit ist ein erster Schritt auf dem Weg dorthin.“[42]

2.5 Zielgruppen und Adressaten

2.5.1 Kinder und Jugendliche

Schulsozialarbeit richtet sich zunächst und in erster Linie an Kinder und Jugendliche: an alle Kinder und Jugendlichen einer Schule, nicht ausschließlich an benachteiligte und beeinträchtigte, wenngleich selbstverständlich deren Erreichung, Unterstützung und Förderung eine besondere Bedeutung zukommt.

Je nach Schulart, Schulform und konzeptioneller Rahmung hat sie es mit sechsjährigen Kindern zu tun, die gerade erst vom Kindergarten in die Grundschule gewechselt sind, mit Kindern die den Wechsel in die Sekundarstufe hinter sich haben und sich in einem neuen Lebensabschnitt orientieren müssen, oder mit Jugendlichen (oder gar jungen Erwachsenen), die sich auf den Übergang von der Schule in die Arbeitswelt vorbereiten. Hin und wieder machen Schulsozialarbeiter auch (einzelne) Angebote für Kinder, Jugendliche und junge Erwachsene, die nicht (mehr) die Schule besuchen.[43]

Diese Heterogenität der größten Zielgruppe stellt sicherlich eine der größeren Herausforderungen für die sozialpädagogischen Fachkräfte an der Schule dar.

2.5.2 Erziehungsberechtigte und andere erwachsene Bezugspersonen

Kein Kind oder Jugendlicher lebt für sich isoliert. Sie sind Teil einer Familie oder eines familienähnlichen Systems mit erwachsenen Bezugspersonen. Daher ist es für die Schulsozialarbeit selbstverständlich, dass sie Eltern, Großeltern, andere Verwandte und für den jungen Menschen wich-

[41] Weiß 2011, S. 23

[42] Rademacker 2009, S. 15

[43] Ein Beispiel hierfür ist das so genannte Stuttgarter Modell, bei dem die Fachkräfte der Schulsozialarbeit gleichzeitig einen Auftrag in der Mobilen Jugendarbeit haben, vgl. Bolay et al. 2003.

tige Erwachsene wie Paten in ihrer Arbeit stets mitdenkt und aktiv einbezieht.

Erziehungsberechtigte werden in Erziehungsfragen beraten und unterstützt, über andere Hilfsangebote informiert und so oft wie möglich als Erziehungspartner in der Ausgestaltung einzelner Angebote der Schulsozialarbeit beteiligt.

2.5.3 Lehrkräfte und Schulleitung

Lehrer und Schulleiter sind sowohl die wichtigsten Kooperationspartner, als auch Zielgruppen von Schulsozialarbeit. Nach Speck soll Schulsozialarbeit

- „LehrerInnen für die Sichtweisen und Lebenswelten von Kindern und Jugendlichen und sozialpädagogische Fragestellungen sensibilisieren,
- LehrerInnen über konkrete Unterstützungsmöglichkeiten sowie Kooperationspartner bei den sozialen Einrichtungen und Diensten vor Ort informieren,
- LehrerInnen in Bezug auf sozialpädagogische Themen (z. B. Präventionskonzepte, Elternarbeit) beraten und fortbilden,
- LehrerInnen konkrete fachliche Anregungen für die Verringerung und Bewältigung von akuten Problemen von SchülerInnen und in Klassen bieten und schließlich
- als Vermittler und Berater bei Konflikten zwischen Lehrern und Schülern agieren.“ [44]

Viele Angebote der Schulsozialarbeit, besonders im Aufgabenfeld sozialpädagogische Gruppenarbeit, Projekte und Arbeit mit Schulklassen, werden gemeinsam mit Lehrern geplant und durchgeführt. Hier erwächst der besondere Gewinn für die Kinder und Jugendlichen aus den unterschiedlichen Rollen, Funktionen und methodischen Ansätzen. Wenn Schul- und Sozialpädagogen miteinander auf Augenhöhe kooperieren, profitieren sowohl die Schüler von der Verschiedenartigkeit, als auch sie selbst.

2.6 Leistungsspektrum, Angebote und Kernaufgaben

In der Schulsozialarbeit hat sich in den letzten Jahren ein Spektrum an Leistungen und Angeboten herausgebildet, welches sich in den folgenden vier Kernaufgabenbereichen beschreiben lässt:

[44] Speck 2009, S. 53

- **Einzelhilfe und Beratung in individuellen Problemsituationen**
- **Sozialpädagogische Gruppenarbeit, Projekte und Arbeit mit Schulklassen**
- **Innerschulische und außerschulische Vernetzung und Gemeinwesenarbeit**
- **Offene Angebote für alle Schülerinnen und Schüler**

Auch wenn in Konzepten sowie der Literatur oftmals auch andere Begrifflichkeiten für das, was Schulsozialarbeiter machen und vor allem mehr Kategorien zu finden sind, lässt sich alles, was Schulsozialarbeit an sozialpädagogischem Handeln an Schulen (unabhängig welcher Schulform) bereit hält, unter einem dieser Kernaufgabenbereiche fassen und somit auch für Laien übersichtlich und leicht verständlich strukturieren.[45]

Selbstverständlich sind in der Konkretisierung der Kernaufgaben an den einzelnen Schulen die Schwerpunkte ganz unterschiedlich gesetzt – idealerweise abhängig vom zuvor definierten Bedarf und nicht in erster Linie nach den persönlichen Vorstellungen einzelner Akteure.

An dieser Stelle wollen außerdem bereits stichwortartig Aufgaben benannt sein, die zwar für eine gelingende schulische Bildung wichtig sind, die aber grundsätzlich nicht zum Portfolio der Schulsozialarbeit zählen: Hausaufgabenbetreuung, Unterrichtsvertretung, Organisation des Ganztagsbetriebs, Mittagessen- und Pausenaufsicht sowie Randzeitbetreuung.[46]

Im dritten Teil dieses Buches wird dieses Leistungsspektrum anhand konkreter Fallbeschreibungen aus der Praxis detailliert dargestellt.

2.7 Rechtlicher Rahmen und politische Bezugspunkte

Für die Schulsozialarbeit als Handlungsfeld der Jugendhilfe gelten in erster Linie dieselben rechtlichen Bestimmungen wie für andere Bereiche der Kinder- und Jugendhilfe auch – besonders die Regelungen des Sozialgesetzbuches Achtes Buch (Kinder- und Jugendhilfe) – SGB VIII.

---

[45] Als Schulsozialarbeiter in Ehningen hat der Autor diese Kernaufgabenbereiche bereits im ersten Konzept von 2003 als „die vier Puzzleteile der Schulsozialarbeit" formuliert und damit beste Erfahrungen in der Praxis gemacht.

[46] vgl. beispielsweise Kommunalverband für Jugend und Soziales Baden-Württemberg 2010, S. 19

Darüber hinaus nehmen aktuelle Konzepte Bezug auf bundespolitisch bedeutsame Positionen, wie die regelmäßig in Auftrag gegebenen Kinder- und Jugendberichte der Bundesregierung.

Und nicht zuletzt spielen für den einzelnen Standort die örtliche Jugendhilfeplanung sowie entsprechende Beschlüsse der Kommunalpolitik eine entscheidende Rolle in der konkreten Ausgestaltung der Schulsozialarbeit.

2.7.1 § 1 SGB VIII: Recht auf Erziehung, Elternverantwortung, Jugendhilfe

Auch wenn es sich bei § 1 SGB VIII Abs. 1 eher um eine symbolische Norm mit moralischem Appellcharakter handelt[47], so ergibt sich daraus durchaus eine sozialpädagogische Leitbildfunktion für die Fachkräfte und Träger von Jugendhilfe im Allgemeinen und von Schulsozialarbeit im Besonderen. Nach Münder bedeutet diese Gesetzesformulierung, „dass Menschen in ihren Lebenslagen akzeptiert werden, dass sozialpädagogische Arbeit dort ansetzt, wo die Menschen sich befinden, dass vorhandene Erfahrungen und Fähigkeiten nicht diskriminiert, sondern positiv verstärkt werden, um so den Aufbau einer eigenständigen, selbstbewussten Persönlichkeit zu fördern.“ [48]

§1 Abs. 3 SGB VIII macht deutlich, dass die Jugendhilfe nicht bloß auf soziale Problemlagen reagiert, sondern vielmehr die Lebensbedingungen von Kindern und Jugendlichen aktiv gestaltet. Sie „soll dazu beitragen, positive Lebensbedingungen für junge Menschen und ihre Familien sowie eine kinder- und familienfreundliche Umwelt zu erhalten oder zu schaffen.“

Aus diesem Paragrafen (beispielsweise in Verbindung mit § 11 SGB VIII) wird immer wieder auch der eigenständige Bildungsauftrag für die Kinder- und Jugendhilfe abgeleitet.

2.7.2 § 2 SGB VIII: Aufgaben der Jugendhilfe

Dieser Paragraf benennt die Aufgaben der Jugendhilfe insgesamt. Er beinhaltet sämtliche Leistungen und andere Aufgaben der Jugendhilfe. Hier wird deutlich, in welchem Kontext Schulsozialarbeit rechtlich angesiedelt

[47] vgl. Münder et al. 2003, S. 87
[48] Münder et al. 2003, S. 88

ist. Er stellt keine Rechtsgrundlage im engeren Sinn dar, scheint aber für eine Einordnung sinnvoll.

Ein eigener Leistungsparagraf zur Schulsozialarbeit existiert nicht. Einen Überblick über die aktuelle Diskussion zur möglichen Einführung einer eigenen Norm für die Schulsozialarbeit und einen Formulierungsvorschlag für einen solchen bietet Speck[49].

2.7.3 § 11 SGB VIII: Jugendarbeit

§ 11 weist der Jugendarbeit eine klar benannte Bildungsfunktion zu. Dem liegt ein erweiterter Bildungsbegriff zugrunde, „der lebensweltorientiert ansetzt und dabei die soziale Situation und die Bedürfnisse der jungen Menschen berücksichtigt.“[50]

In § 11 Abs. 3 Nr. 3 werden zu den Schwerpunkten der Jugendarbeit ausdrücklich die „arbeitswelt-, schul- und familienbezogene Jugendarbeit“ gezählt.

Während Speck hierin keine Rechtsgrundlage für die Schulsozialarbeit erkennt, sehen Münder et al.[51] diese hier durchaus als Teil einer vielfältigen Angebotspalette schulbezogener Jugendarbeit. Schulsozialarbeit macht

- außerunterrichtliche Angebote in der Freizeit,
- Angebote der Jugendberatung,
- Bildungsarbeit im Rahmen spezifischer Seminare und
- Projekte der Prävention.

In der Praxis beziehen sich viele Träger von Schulsozialarbeit in ihren Konzepten neben dem im Folgenden erläuterten § 13 SGB VIII auch auf §11 SGB VIII.

2.7.4 § 13 SGB VIII: Jugendsozialarbeit

In nahezu allen aktuellen Konzepten der Schulsozialarbeit wird § 13 SGB VIII als Bezugsparagraf für Schulsozialarbeit angegeben. Das ist folgerichtig, da nach § 1 Abs. 1 SGB VIII „[j]ungen Menschen, die zum Ausgleich sozialer Benachteiligungen oder zur Überwindung individueller

[49] Speck 2009, S. 65 ff
[50] Münder et al. 2003, S. 162
[51] Münder et al. 2003, S. 166 f.

Beeinträchtigungen in erhöhtem Maße auf Unterstützung angewiesen sind, [...] im Rahmen der Jugendhilfe sozialpädagogische Hilfen angeboten werden [sollen], die ihre schulische und berufliche Ausbildung, Eingliederung in die Arbeitswelt und ihre soziale Integration fördern.“ Und eben dieses ist ein zentraler Auftrag der Schulsozialarbeit.

Aus meiner Sicht, und der namhafter Experten[52], ist es jedoch problematisch, sich allein auf diesen Paragrafen zu beziehen, da durch das ausschließliche Abzielen auf benachteiligte und beeinträchtigte Jugendliche ein großer Teil der Zielgruppe der Kinder und Jugendlichen ausgeschlossen würde. Schließlich richtet sich Schulsozialarbeit ausdrücklich an alle Kinder und Jugendlichen am Lebensort Schule. Und glücklicherweise ist, bei allen Schwierigkeiten im Bildungssystem und verbunden mit Kindheit und Jugendalter, nicht davon auszugehen, dass alle jungen Menschen a priori benachteiligt oder beeinträchtigt sind.

2.7.5 § 14 SGB VIII: Erzieherischer Kinder- und Jugendschutz

Kinder- und Jugendschutz ist „Bestandteil einer auf Prävention und Integration abzielenden Förderung von Kindern und Jugendlichen“[53]. Schulsozialarbeit macht vielfältige Angebote im Sinne dieser Jugendhilfe-Aufgabe, weshalb auch die konzeptionelle Bezugnahme auf § 14 SGB VIII sinnvoll und hilfreich ist.

Gerade im Bereich des Jugendmedienschutzes haben sich mit dem immer leichteren und früheren Zugang junger Menschen zu den „neuen Medien“ in den vergangenen Jahren ganz neue Herausforderungen für die Fachkräfte der Jugendhilfe ergeben. Schulsozialarbeit hat hier gute Ansatzmöglichkeiten, um mit Kindern, Jugendlichen, Eltern und anderen pädagogischen Partnern Chancen und Risiken zu beleuchten und geeignete Präventionskonzepte zu entwickeln.

[52] vgl. Speck 2009, S. 58
[53] Münder et al. 2003, S. 183

2.7.6 § 80 und 81 SGB VIII: Jugendhilfeplanung und Zusammenarbeit mit anderen Stellen und öffentlichen Einrichtungen

Ist die Schulsozialarbeit bei einem Träger der öffentlichen Jugendhilfe angesiedelt, so können auch § 80 SGB VIII (Jugendhilfeplanung) und § 81 SGB VIII (Zusammenarbeit mit anderen Stellen und öffentlichen Einrichtungen) als begründende Norm mit herangezogen werden, ohne eine Rechtsgrundlage im engeren Sinne dazustellen. Diese Paragrafen des Kinder- und Jugendhilfegesetzes können „als Abstimmungsgebot zwischen Jugendhilfe- und Schulentwicklungsplanung" und als „eine Verpflichtung zur Kooperation mit den ‚Schulen und Stellen der Schulverwaltung'"[54] interpretiert werden.

Aufgrund der Autonomie der freien Träger binden diese Rechtsvorschriften jedoch nur die öffentlichen Träger.

2.7.7 Kinder- und Jugendberichte der Bundesregierung

Während der Elfte Kinder- und Jugendbericht für die Schulsozialarbeit noch konstatierte, dass diese lange Zeit „als kompensatorischer Reparaturbetrieb von schulintern nicht lösbaren Schwierigkeiten von Kindern und Jugendlichen diente"[55] und forderte, dass das Verhältnis von Schule und Jugendhilfe zu einem gleichberechtigten Miteinander umgestaltet werden müsse, weist der Zwölfte Kinder- und Jugendbericht der Schulsozialarbeit als Teil der Jugendsozialarbeit „durch ihre unmittelbare Verwobenheit in das Schulgeschehen" eine besondere Rolle in der Bildung zu und sieht sie „direkt in die Unterstützung und die Förderung der Bildung von Kindern und Jugendlichen eingebunden."[56] Auch der 13. Kinder- und Jugendbericht schreibt der Schulsozialarbeit die Aufgabe zu, „Schule als positive Lebenswelt für junge Menschen zu gestalten."[57] In dem Bericht, der den Blick schwerpunktmäßig auf die Gesundheit von Kindern und Jugendlichen richtet, wird die Schulsozialarbeit mehrfach erwähnt. Unter anderem

[54] Speck 2009, S. 57
[55] Bundesministerium für Familie 2002, S. 114
[56] Bundesministerium für Familie 2005, S. 93
[57] Bundesministerium für Familie 2009, S. 228

wird ihr „die individuelle Ressourcenstärkung im Sinne von Resilienzförderung und Empowerment von Heranwachsenden“[58] zugeschrieben.

Die positive Beschreibung von Aufgaben und Wirkung der Schulsozialarbeit in den Kinder- und Jugendberichten der Bundesregierung kann somit auch als Bezugspunkt zur Legitimation in den Konzepten verwandt werden. Und ist dort tatsächlich immer wieder zu finden.

2.7.8 Politische Zielsetzungen auf Landesebene

Beispiel Baden-Württemberg: „Die Beratung und Unterstützung der Schülerinnen und Schüler durch Schulsozialarbeit gehört an allen Schulen zum Bestandteil des pädagogischen Konzeptes. Wir wollen deshalb den flächendeckenden Ausbau der Schulsozialarbeit erreichen.“[59] So haben es Grüne und SPD in Baden-Württemberg 2011 im Koalitionsvertrag vereinbart und bereits nach wenigen Wochen Verhandlungen mit den Kommunalen Landesverbänden hierzu geführt. Im Ergebnis wurde eine Drittelfinanzierung durch das Land zugesagt und im Landeshaushalt werden nun jährlich 15 Millionen Euro bereitgestellt, um bestehende und neue Stellen zu einem Drittel mitzufinanzieren. In der Ausarbeitung der Fördergrundsätze[60] durch das Sozialministerium wurden auch Vertreter der Praxis der Schulsozialarbeit, wie das Netzwerk Schulsozialarbeit Baden-Württemberg, beteiligt.

Die Einsicht in die Notwendigkeit von Schulsozialarbeit als Teil eines modernen Bildungssystems scheint sich in der Politik immer häufiger durchzusetzen und in konkreten Finanzierungsprogrammen zu münden. So verfolgen derzeit auch andere Bundesländer entsprechende Ausbaupläne, zum Beispiel Thüringen: „Die Modernisierung der Thüringer Bildungslandschaft steht unter der Überschrift: Wir stärken die individuelle Förderung. Es geht darum, Schule zu einem Ort zu machen, an dem alle Schülerinnen und Schüler beste Chancen haben, gefördert zu werden. In diesen Kontext gehört auch dic Schulsozialarbcit. Sic bereichert unser Bildungssystem. Als ein wichtiger Baustein trägt sie dazu bei, dass möglichst alle Schüler einen Abschluss schaffen.“ so der Thüringer Minister für Bildung, Wissenschaft und Kultur Christoph Matschie in einer Pressekonferenz am 15.03.2012.[61]

---

[58] Bundesministerium für Familie 2009, S. 229
[59] BÜNDNIS 90/DIE GRÜNEN Baden-Württemberg und SPD Baden-Württemberg 2011, S. 7
[60] Zu finden unter www.netzwerk-schulsozialarbeit.de
[61] Ministerium für Soziales und Ministerium für Bildung 2012

Und auch in Schleswig-Holstein will man die Schulsozialarbeit erheblich stärken: „In den kommenden Jahren wird es deutlich mehr Sozialarbeiterinnen und Sozialarbeiter an unseren Schulen geben“, so Bildungsminister Klug[62].

2.7.9 Örtliche Jugendhilfeplanung und Beschlüsse der Kommunalpolitik

Da die Kinder- und Jugendhilfe wie bereits erwähnt in erster Linie kommunal verantwortet ist, werden die entscheidenden Schritte zum Ausbau der Schulsozialarbeit häufig in den legislativen Gremien der Gemeinden, Städte und Landkreise gegangen. Hier werden die notwendigen finanziellen Ressourcen für die Schulsozialarbeit bereitgestellt.

Die Jugendhilfeplanung als ein durch Kommunikation und Partizipation bestimmter Prozess[63] hat den Bestand aller Handlungsfelder der Jugendhilfe (einschließlich der Schulsozialarbeit) zu erheben und den Bedarf „unter Berücksichtigung der Wünsche, Bedürfnisse und Interessen der jungen Menschen und der Personensorgeberechtigten“[64] zu benennen, wobei die anerkannten Träger der freien Jugendhilfe bei diesem vom öffentlichen Träger verantworteten Prozess in der Regel grundsätzlich von Anfang an zu beteiligen sind.

Durch die bundesweit sehr heterogen verlaufende Entwicklung von Schulsozialarbeit hat sich auch die Förderpraxis recht unterschiedlich entwickelt. So gibt es kleinere und größere Städte und Gemeinden, die ihre Angebote der Schulsozialarbeit vollständig selbst finanzieren. Viele Landkreise haben zudem eigene Förderprogramme aufgelegt, mit denen die Schulsozialarbeit entweder voll oder zumindest teilweise von ihnen getragen wird.

Durch das Ende Februar 2011 beschlossene Bildungs- und Teilhabepaket wird den Kommunen vom Bund für die Jahre 2011 bis 2013 „jährlich zusätzlich 400 Millionen Euro für das Mittagessen von Kindern in Hortbetreuung und Schulsozialarbeit zur Verfügung [gestellt].“[65] Mit diesem Geld sollen zur Unterstützung der Kinder und Jugendlichen „rund 3.000 neue Stellen für die Schulsozialarbeit geschaffen werden.“[66]

[62] Ministerium für Bildung und Kultur Schleswig-Holstein 2012
[63] vgl. Münder et al. 2003, S. 692
[64] § 80 Abs. 1 Nr. 2 SGB VIII
[65] von der Leyen 2011
[66] Kooperationsverbund Jugendsozialarbeit 2011, S. 1

Die zusätzlichen Bundesmittel haben bereits in vielen Kommunen den beabsichtigten Ausbau von Schulsozialarbeit angeschoben und Förderprogramme begründet: So hat die Stadt Essen beispielsweise beabsichtigt die von ihr finanzierten Stellen von neun auf 90 aufzustocken. Der Kreistag des Landkreises Böblingen hat im Oktober 2011 ein Impulsprogramm Schulsozialarbeit beschlossen, mit dem neben den bestehenden Stellen bei den kreisangehörigen Gemeinden und Städten etwa 14 neue Stellen geschaffen werden sollen.[67]

Wobei einschränkend darauf hingewiesen werden muss, dass es sich in fast allen Fällen um befristete Programme handelt und keine Aussagen zur Weiterführung nach Auslaufen der Bundesförderung getroffen sind.

2.8 Grundsätze und Handlungsprinzipien

Schulsozialarbeiter als sozialpädagogische Fachkräfte der Kinder- und Jugendhilfe orientieren sich in ihrer täglichen Arbeit – implizit oder explizit – an allgemeinen, aus dem SGB VII abgeleiteten Grundsätzen und an Handlungsprinzipien, die eine präzisierte Ableitung aus den Strukturmaximen der Jugendhilfe[68] darstellen.

Diese sind:

- eine präventive Ausrichtung,
- eine sozialpädagogische Dienstleistungsorientierung,
- Vielfalt an Inhalten, Methoden und Arbeitsformen,
- die Freiwilligkeit der Adressaten bei der Inanspruchnahme von Leistungen,
- ein Wunsch- und Wahlrecht der Leistungsberechtigten,
- die Beteiligung der Kinder und Jugendlichen an allen sie betreffenden Entscheidungen,
- der Schutz der Privatgehcimnisse und Sozialdaten,
- der Vorrang des Elternrechtes,
- der Schutzauftrag der Jugendhilfe und des Staates bei Kindeswohlgefährdung sowie

[67] vgl. Landkreis Böblingen 2011a und Landkreis Böblingen 2011b
[68] vgl. Bundesministerium für Jugend 1990, S. 85 ff.

- der Anspruch eines offensiven Handelns.[69]

2.9 Rahmenbedingungen

Die Wirkung von Schulsozialarbeit hängt entscheidend von den konkreten Rahmenbedingungen am jeweiligen Standort ab. Wie bereits geschildert, stellt sich die Situation in Deutschland hier recht unterschiedlich dar. Nichtsdestotrotz nennen Wissenschaft[70], Fachorganisationen der Praxis[71], Fachpolitik[72] und Behörden[73] zahlreiche Faktoren, die das Wirkungspotenzial von Schulsozialarbeit möglichst optimal zur Geltung kommen und diese gelingen lassen.

Die Rahmenbedingungen lassen sich in folgender Weise beschreiben:

- personell,
- trägerbezogen,
- finanziell,
- räumlich und materiell-technisch sowie
- kooperationsbezogen.

Die Grundlage einer jeden Schulsozialarbeit sollte dann auch eine ausführliche Konzeption sein, an deren Ende sowohl ein schriftliches Konzept als auch eine schriftliche Kooperationsvereinbarung stehen, die konkrete und auf die lokale Situation bezogene Aussagen zu den genannten Punkten machen.

Entscheidender als das Produkt ist jedoch der Prozess dorthin. Dieser könnte bei der neuen Installation von Schulsozialarbeit an einer Schule folgendermaßen gestaltet sein:

1. Meistens werden die finanziellen Mittel durch die Kommunen zur Verfügung gestellt und kommunale Gremien (beispielsweise Gemeinderat oder Kreistag) beschließen die Installation eines entsprechenden

[69] Vgl. Speck 2009, S. 74 ff.

[70] beispielsweise Bolay et al. 2004, Drilling 2009, Rademacker 2009, Speck/Olk 2010, Speck 2006

[71] beispielsweise Landesarbeitsgemeinschaft (LAG) Schulsozialarbeit Niedersachsen 2009, LAG Schulsozialarbeit Sachsen 2010, Netzwerk Schulsozialarbeit Baden-Württemberg 2012

[72] beispielsweise Gewerkschaft Erziehung und Wissenschaft - Hauptvorstand 2003, Kooperationsverbund Schulsozialarbeit 2009, Kooperationsverbund Schulsozialarbeit (Hrsg.) 2009

[73] beispielsweise Kommunalverband für Jugend und Soziales Baden-Württemberg 2010, Sächsisches Landesamt für Familie und Soziales - Landesjugendamt 2003

Angebots. Somit sind es auch sie, die einen möglichst konkreten Auftrag zur Erarbeitung eines Konzepts formulieren.

2. Der Träger von Schulsozialarbeit (Führungskraft und Mitarbeiter gemeinsam) formuliert einen ersten Entwurf für ein Konzept zur Schulsozialarbeit.[74] Dieses sollte aus mehreren Teilen bestehen und neben einem Rahmenkonzept, das gegebenenfalls für mehrere Standorte von Schulsozialarbeit bei einem Träger gilt und allgemeine fachliche Aussagen zu Zielsetzung, Auftrag, Zuständigkeit, rechtlichen Grundlagen, Angeboten und Leistungen, Zielgruppen, Grundsätzen und Handlungsprinzipien, Qualitätsentwicklung und Rahmenbedingungen macht, auch die auf die einzelnen Standorte heruntergebrochenen Standortkonzepte mit Aussagen zu den konkreten Angeboten und Leistungen enthalten.

3. Dieser erste Entwurf wird möglichst allen am Schulleben beteiligten Gruppen erläutert, bei mehreren Standorten durchaus im Rahmen einer gemeinsamen Konzeptionsveranstaltung.[75]

4. In einem nächsten Schritt empfiehlt sich eine gemeinsam von Schule und Träger der Schulsozialarbeit beziehungsweise Schul- und Jugendhilfeträger durchgeführte Situations- und Sozialraumanalyse zur Grundlage einer ebenfalls gemeinsamen Bedarfserhebung zu machen.

5. Auf Grundlage der Bedarfserhebung werden dann von den Kooperationspartnern gemeinsame Ziele definiert, die zusammen mit Verfahrensabläufen für Schlüsselprozesse und Konflikte in einer schriftlichen Kooperationsvereinbarung verbindlich festgehalten und veröffentlicht werden.

6. Gleichzeitig wird das Konzept der Schulsozialarbeit auf die ermittelten Bedarfe und vereinbarten Ziele hin konkretisiert und vom Träger der Schulsozialarbeit veröffentlicht. Idealerweise basiert nicht nur die Schulsozialarbeit auf einem individuellen sozialpädagogischen Konzept, sondern auch die Schule auf einem eigenen, spezifischen Schulkonzept.

---

[74] Ein aktuelles Beispiel, welches auch als Grundlage für Prozessbegleitungen durch das Netzwerk Schulsozialarbeit Baden-Württemberg dient und mittlerweile auch von anderen Trägern zitiert wurde, ist das Konzept 2012 der Schulsozialarbeit Ehningen (Schulsozialarbeit Ehningen 2012a). Es ist im Internet zu finden unter www.schulsozialarbeit-ehningen.de.

[75] Gute Erfahrungen hat der Autor selbst als Prozessbegleiter bei mehreren Kommunen u. a. mit den Methoden Open Space, Zukunftswerkstatt, Workshops gemacht.

Als ein Schlüsselprozess sollte die Evaluation und Fortschreibung von Kooperationsvereinbarung und Konzept definiert sein, so dass die vorhandenen Grundlagen der Arbeit regelmäßig den Veränderungen angepasst werden können.

3. Schulsozialarbeit – ganz praktisch Fallbeschreibungen und Erläuterung relevanter Methoden und Handlungskonzepte

Im Folgenden wird anhand von exemplarischen Fallbeschreibungen aus den vier Kernaufgabenfeldern von Schulsozialarbeit[76] verdeutlicht, mit welchen Herausforderungen Sozialarbeiter/Sozialpädagogen in diesem Arbeitsfeld regelmäßig konfrontiert sind und vor allem, welcher Methoden und Handlungskonzepte sie sich bei deren Bearbeitung bedienen.

Sie sind der Praxis von Schulsozialarbeitern an verschiedenen Schulen entnommen und beschreiben realistische Problemkonstellationen. Die Namen der handelnden Personen wurden geändert, die der Organisationen in der Regel beibehalten.

Selbstverständlich wird nicht der Anspruch erhoben, dass das geschilderte fachliche Handeln alternativlos und auf ähnliche Situationen ohne Weiteres übertragbar sei. Im Gegenteil: Jedes Handeln von Schulsozialarbeitern ist abhängig von den konkreten Rahmenbedingungen vor Ort und der jeweils individuellen Situation der Zielgruppen. Auch kann in diesem Rahmen nicht das vollständige Methodenrepertoire von Schulsozialarbeit aufgezeigt werden. Dafür ist „der Werkzeugkasten" viel zu umfangreich. Ausgewählt wurden einige wichtige und an vielen Standorten eingesetzte Konzepte und Methoden.

Da sich die Schulsozialarbeit als Handlungsfeld Sozialer Arbeit innerhalb Deutschlands derzeit noch sehr heterogen darstellt, erhebt der Autor auch nicht den Anspruch, dass alle Aussagen bundesweit Gültigkeit haben. In diesem Sinne gilt: Alles hier Beschriebene ist Schulsozialarbeit, aber nicht alle Schulsozialarbeit ist hier beschrieben.

Die Fallbeschreibungen sind eingerahmt. Sie werden unterbrochen und ergänzt durch vertiefende Ausführungen zu den Handlungskonzepten und Methoden, auf Grundlage derer der Schulsozialarbeiter in den jeweiligen Situationen handelt sowie zu Kompetenzen, über die professionelle Schulsozialarbeiter folglich verfügen sollten.

---

[76] vgl. hierzu 2.6

3.1 Einzelhilfe und Beratung in individuellen Problemsituationen

Die Einzelhilfe und Beratung in individuellen Problemsituationen ist der Arbeitsbereich, den die meisten fachlichen Laien als erstes vor Augen haben, wenn sie an Schulsozialarbeit denken. Und in der Tat handelt es sich hier um die Aufgaben, die an der Schule zunächst einmal ausschließlich von sozialpädagogischen Fachkräften wahrgenommen werden können.[77] „Sowohl Fachkräfte als auch Schulleitungen bewerten die ‚Beratung von und Gespräche mit SchülerInnen' als wichtigstes Angebotselement."[78]

In diesem Kernaufgabenfeld der Schulsozialarbeit steht die Arbeit mit Einzelnen oder kleineren Personengruppen im Mittelpunkt. Die Angebote richten sich dabei an die Kinder und Jugendlichen an der Schule sowie teilweise an ehemalige Schüler, an deren Eltern und andere Bezugspersonen aus Familie oder Freundeskreis, im Rahmen der kollegialen Beratung an Lehrkräfte und Schulleitung sowie an andere Fachkräfte der Sozialarbeit oder Gesundheitshilfe.

Im Regelfall werden Einzelhilfe und Beratung initiiert, indem die betreffenden Ratsuchenden von sich aus den Kontakt zur Schulsozialarbeit aufnehmen oder der Schulsozialarbeiter seinerseits aktiv wird, wenn er von einer Problemlage erfährt und Handlungsbedarf und -möglichkeiten sieht. Die Themen, die in den Settings zur Sprache kommen, sind sehr vielseitig. Grundsätzlich stehen Schulsozialarbeiter als erste Ansprechpartner für alle Fragen des Lebens zur Verfügung.

3.1.1 „Offenes Ohr" für Kinder und Jugendliche

> Es ist Montag, 7.45 Uhr. Schulsozialarbeiterin Susanne Dörfinger betritt das Schulgebäude. Noch bevor sie die Tür ihres Büros im Eingangsbereich des Hauptgebäudes erreicht, kommen Sandra und Oksana aus Klasse 7 auf sie zu gestürmt und begrüßen sie fröhlich und mit einem verschmitzten „Wir müssen dir was erzählen!" „Na, dann kommt mal rein ihr beiden." Kichernd erzählen die beiden Freundinnen Susanne von Mikes Geburtstagsparty am Samstag und davon, dass Rafael –

[77] Während bei den anderen Kernaufgabenfeldern manche Aufgaben durchaus auch durch entsprechend qualifizierte Schulpädagogen punktuell wahrgenommen werden können, beispielsweise die Einführung und Begleitung des Klassenrats, die Initiierung und Organisation eines Elterncafés, ein Fortbildungsangebot zu konstruktiver Konfliktregelung oder ein für Schüler freiwilliges Sportangebot.

[78] Bolay et al. 2004, S. 80

ein Junge aus Klasse 8 – Oksana gefragt hat, ob sie mit ihm gehen wolle. Sie hat „Ja" gesagt. Freude, Glück und Stolz sind der Dreizehnjährigen anzumerken. Schließlich ist Rafael schon lange ihr großer Schwarm.

Die Schulsozialarbeiterin fragt nach, ist interessiert an dem Bericht. Sie ist empathisch. Als es zur ersten Stunde klingelt, verabschiedet sie sich von Sandra und ihrer Freundin und bietet ihnen an, dass sie jederzeit kommen könnten und berichten, wie es Oksana mit der Freundschaft geht. Da sie weiß, dass Freundschaften unter Jugendlichen in diesem Alter emotional sehr intensiv sein können und sich manchmal ganz handfeste Probleme entwickeln, nimmt sie sich vor, in einigen Tagen sowohl auf die beiden Mädchen als auch bei passender Gelegenheit auf Rafael zuzugehen um zu signalisieren, dass sie auch bei Schwierigkeiten gerne für sie da ist.

Für viele Kinder und Jugendlichen sind „ihre" Schulsozialarbeiter wichtige **Alltagsbegleiter**. Zu ihnen können sie jederzeit[79] Kontakt aufnehmen und mit ihnen ihre Erlebnisse teilen. Dabei geht es um so ziemlich alles, was junge Menschen beschäftigt: ein gewonnenes (oder hoch verlorenes) Fußballspiel am Wochenende, die neue Haarfarbe einer Freundin, die verpatzte Mathearbeit, den Kauf eines neuen Handys, den Tod des Hamsters, das TV-Finale des Eurovision Songcontests, die Alkoholvergiftung eines älteren Jugendlichen, …

Als Erwachsene werden die Schulsozialarbeiter dann weniger in ihrer Rolle als sozialpädagogische Spezialisten für spezifische Problemlagen angefragt denn als jemand, der einfach mitfühlend zuhört und dem die Kinder und Jugendlichen ihre eigenen Gedanken und Gefühle anvertrauen können. Schulsozialarbeiter haben grundsätzlich ein „offenes Ohr" für alle Anliegen junger Menschen und nehmen sie ernst. „Sie sind sensibel für jugendkulturelle Praxis und vermitteln den Jugendlichen dadurch Anerkennung ihrer Lebensreife und -kompetenz. Sie wirken mitunter wie ‚Freundin' oder ‚Freund', sind aber professionell agierende Erwachsene."[80] Für eine erfolgreiche kommunikative Anschlussfähigkeit an solche Alltagsthemen sollten bestimmte Voraussetzungen bei den sozialpädagogischen Fachkräften erfüllt sein:

[79] Tatsächlich öffnen immer mehr Schulsozialarbeiter auch Zugangswege, die den Jugendlichen eine Kontaktaufnahme zu jedem Zeitpunkt ermöglicht. Eine zentrale Rolle kommt hierbei den modernen Medien wie social web community, E-Mail oder Smartphone zu. Vgl. 3.2.4

[80] Bolay et al. 2004, S. 299

- ein **echtes Interesse** an den Themen der Kinder und Jugendlichen,
- ein **grundlegendes Wissen und Verständnis** aktueller jugendkultureller und -spezifischer Themen,
- **Zeit** um Gespräche mit den Jugendlichen zu führen, auch „zwischen Tür und Angel".

Schüler werden sich auch erst an die Schulsozialarbeiter wenden, wenn sie selbst Vertrauen zu den Fachkräften entwickeln konnten und wenn in einem anderen Kontext Beziehung entstanden ist. Hierfür ist eine möglichst wertschätzende, empathische und dabei durch und durch authentische Grundhaltung der Erwachsenen genauso grundlegend wie Raum und Zeit um Beziehung zwischen Kind/Jugendlichem und Erwachsenem zu entwickeln.

Es lohnt sich, auch für kurze „Zwischen-Tür-und-Angel-Gespräche" zu beliebigen Themen Zeit einzuplanen und zu investieren. Zum einen erfahren die sozialpädagogischen Fachkräfte so am besten, was bei den jungen Menschen gerade aktuelles Thema ist. Zum anderen ergeben sich gerade aus solchen Kurzgesprächen immer wieder Gespräche, die dann im eigentlichen Beratungssetting fortgeführt werden.

3.1.2 Krisenintervention

Auch in diesem Jahr hatten die Mädchen und Jungen der Schülermitverantwortung wieder eine Schuldisko für alle Schüler der Hauptschule im Jugendhaus organisiert. Und wie in den vergangenen Jahren auch sind wieder fast alle Schüler von der 5. bis zur 9. Klasse gekommen. Neben den meisten Lehrern sind auch die Jugendhausleiterin Katrin Beck und Schulsozialarbeiter Bernd Larsson mit von der Partie. Musik und die vorbereiteten Partyspiele passen, die Stimmung ist richtig gut. Die meisten Jugendlichen tanzen ausgelassen mit den Erwachsenen im Partyraum des Jugendhauses. Monica nicht.

Die Dreizehnjährige war zusammen mit zwei ihrer Freundinnen zwar gleich zu Beginn um 17 Uhr gekommen, alle drei hatten sich aber bald schon wieder nach draußen zurück gezogen. Auch Monicas Bruder Giovanni (15), ebenfalls Schüler der Schule, ist mit seinen Freunden da.

Der Schulsozialarbeiter kennt sowohl Monica und ihren Bruder Giovanni als auch deren Eltern seit vielen Jahren. Mehrere Gespräche hatte Bernd Larsson, teilweise zusammen mit der Klassenlehrerin, in den vergangenen Jahren mit der aus Italien stammenden Familie geführt, um unterschiedliche Themen rund um die schulische und soziale Situation der Geschwister zu besprechen.

So gegen 20 Uhr kommt Luisa, Monicas Freundin, ganz aufgeregt zu Bernd Larsson gestürmt: „Du musst sofort mitkommen! Monica geht es ganz schlecht. Sie muss kotzen." Der Schulsozialarbeiter informiert kurz seine Kollegin Katrin, dass er nach draußen gehen würde und folgt Luisa in das Außengelände. Im hinteren Teil des Gartens krümmt sich Monica auf dem Boden, umringt von einer Gruppe Jugendlicher. „Sie hat eine ganze Flasche Wodka runtergekippt und ist dann umgefallen", meint Patrick aus der 9. Klasse mit einem Grinsen im Gesicht. Der Sozialpädagoge beugt sich zu Monica hinunter: „Monica, was ist passiert?" Das Mädchen antwortet nicht. Ihre Augen sind verweint, das Gesicht ist geschwollen, sie schluchzt und hält sich den Bauch. Luisa und Sarah bitten Bernd, er solle die anderen Jugendlichen wegschicken. Er fragt Monica, ob sie aufstehen könne, und hilft ihr zusammen mit Sarah auf die Beine. „Wir bringen dich in Katrins Büro!" Er stützt Monica und langsam gehen sie zurück zum Jugendhaus. Im Eingangsbereich befindet sich das Büro der Jugendhausleiterin, welches Bernd Larsson öffnet und mit Monica und Sarah betritt. Luisa bittet er, sofort Katrin zu holen. Diese ist zwei Minuten später da. Monica liegt völlig erschlafft auf dem Sofa im Büro. Katrin fühlt ihren Puls und spricht beruhigend mit ihr. Kurz darauf übergibt sich Monica in den bereit gestellten Eimer. Während sich Katrin weiter um Monica kümmert, bittet Bernd die beiden Freundinnen zu berichten, was geschehen ist. Nach anfänglichem Zögern erzählen Sarah und Luisa, dass Monica Streit mit ihrem 17-jährigen Freund Mauro habe. Nach ungeschütztem Geschlechtsverkehr befürchtet Monica, dass sie nun schwanger sein könnte. Ihr Freund habe ihr gedroht, dass er sie in diesem Fall verlassen würde. Und irgendwann am Nachmittag hätte Monika dann damit begonnen, die Flasche Wodka zu leeren, die sie von ihrem Bruder zum Geburtstag geschenkt bekommen hatte. Seit einer Stunde sei sie nun kaum noch ansprechbar und habe sich mehrmals übergeben.

Die beschriebene Situation ist in vielerlei Hinsicht mustergültig für die Konstitution eines Falles: Aus einem Alltagssetting („Schuldisko") heraus entwickelt sich innerhalb kürzester Zeit eine Situation, die für ein Kind/einen Jugendlichen („Monica") eine extreme Krise darstellt. Völlig unvermittelt wird die sozialpädagogische Fachkraft in eben dieser Rolle als Experte angefragt und von Dritten („Freundinnen Sarah und Luisa") mit der Problembearbeitung beziehungsweise -lösung beauftragt. Aufgrund der professionellen Grundsätze und Handlungsprinzipien[81] sowie durch entsprechende Rechtsnormen[82] verpflichtet, stellt sich die Frage der Auftragsannahme nicht. Der Schulsozialarbeiter muss und wird in einer derartigen Situation möglichst professionell handeln.

Wenn ihm die Beteiligten aus anderen Zusammenhängen, beispielsweise aus Klassentrainings oder Beratungsgesprächen, bereits bekannt sind und idealerweise ein beidseitiges Verständnis und Vertrauen bestehen, fällt ihm dies wesentlich leichter. Auch wenn die konkrete Situation für den Schulsozialarbeiter neu ist, so kann er aufgrund seiner bisherigen Erfahrungen mit den Beteiligten zügig eine erste **Bewertung der Situation** vornehmen und entsprechende **Interventionen im Sinne des Kindes/des Jugendlichen einleiten**.

Nach den Schilderungen der Freundinnen und einzelnen Rückfragen ob er alles richtig verstanden hat, berät sich Bernd Larsson mit seiner Kollegin Katrin Beck über den Gesundheitszustand Monicas. Sie ziehen in Erwägung, den Rettungsdienst zu alarmieren. Als Monica dies mitbekommt, schreit sie plötzlich laut, dass sie dies keinesfalls will, und wirft mit ihrer Jacke und Sofakissen um sich. Die beiden Sozialpädagogen halten die Situation nicht für akut lebensbedrohlich und teilen Monika mit, dass sie zunächst nichts gegen ihren Willen tun würden und nicht den Notarzt rufen. Nun scheint es auch wieder möglich zu sein, mit Monica direkt zu sprechen. Bernd setzt sich auf einen Stuhl schräg vor Monica und beugt sich etwas zu ihr hin. Er sagt ihr, was er von Luisa und Sarah erfahren hat und dass er sich aktuell große Sorgen um sie mache.

Schulsozialarbeiter: „Ich möchte dir dabei helfen, die Probleme zu lösen, die sich da gerade für dich auftun. Und auch Katrin ist für dich da. Hast du eine Idee, was im Moment gut für dich sein könnte?"

Monica: „Egal, Hauptsache ich muss nicht nach Hause!"

Schulsozialarbeiter: „Weil du betrunken bist?"

Monica: „Ja … und weil sie mir verboten haben, mich mit Mauro zu treffen."

Schulsozialarbeiter: „Mmh … Was werden sie tun, wenn sie erfahren, dass ihr euch trefft?"

[81] Vgl. hierzu die Ausführungen in Teil II dieses Buches.

[82] Zu denken wäre hier beispielsweise an § 8a SGB VIII (Schutzauftrag bei Kindeswohlgefährdung) oder § 323c StGB (unterlassene Hilfeleistung)

Monica: „Ich muss zu meiner Tante nach Italien."

Schulsozialarbeiter: „Und aus Sorge darüber hast du heute Nachmittag den Wodka getrunken?"

Monica: „Ja."

Schulsozialarbeiter: „Wie viel?"

Monica: „Vielleicht eine Flasche ...?!"

Schulsozialarbeiter: „Vielleicht?"

Monica: „Ich weiß es nicht mehr ... Ich weiß gar nichts mehr ..."

Sie beginnt wieder zu weinen. Ihre Freundinnen setzen sich rechts und links neben sie und nehmen sie in den Arm, streicheln ihr über den Kopf und reichen ihr ein Taschentuch.

Schulsozialarbeiter: „Sarah, was denkst du: Was würde Monica wohl helfen?"

Sarah: „Sie soll einfach weinen ... und spucken ... schnell wieder klar im Kopf werden."

Schulsozialarbeiter: „Was würde sie dann vermutlich unternehmen wollen?"

Sarah: „Von zuhause ausziehen und in eine WG gehen. So wie ihre Cousine Francesca."

Schulsozialarbeiter: „Hat sie darüber schon mal gesprochen?"

Luisa: „Ja! Und letzte Woche hatte sie sogar schon ihre Tasche gepackt und wollte zu ihr gehen."

Schulsozialarbeiter: „Wie würden Monicas Eltern darauf reagieren?"

Monica schaltet sich ein: „Die sind doch froh, wenn ich endlich weg bin!"

Schulsozialarbeiter: „Habt ihr im Moment häufiger Streit?"

Monica: „Ja, voll übel! Die wollten mich auch rausschmeißen."

Schulsozialarbeiter: „Und was möchtest du?"

Monica: „Ich will nicht mehr bei denen sein! Das ist die Hölle zuhause."

Um die **Situation möglichst schnell und umfassend beurteilen** zu können, stellt der Schulsozialarbeiter gezielt **offene Fragen** und ermuntert Monica so, ihre Sicht der Dinge zu schildern und ihre Gefühle zum Ausdruck zu bringen. Er hört aktiv zu und signalisiert verbal und nonverbal, dass er sie verstehen möchte. Durch seine **ruhige und verbindliche Gesprächsführung** schafft er eine Atmosphäre zunehmender Geborgenheit und Sicherheit. Auch wenn Monica durch die Wirkung des Alkohols nicht zu einem „normalen" Gespräch in der Lage ist, wird für den Schulsozialarbeiter und seine Kollegin deutlich, worum es für sie geht.

Luisa kocht Monica in der Jugendhausküche einen Tee. Sie beruhigt sich weiter. Gemeinsam mit ihr überlegen Bernd Larsson und Katrin Beck, wie es nun weitergehen könnte. Monica sollte eigentlich um 21 Uhr zuhause sein, nun ist es bereits 21.30 Uhr. Die Sozialpädagogen erklären ihr, dass sie früher oder später in jedem Fall mit ihren Eltern wird sprechen müssen. Sie bieten ihr an, sie nach Hause zu begleiten und zusammen mit ihr mit den Eltern zu sprechen. Als Monica wiederholt energisch betont, nicht nach Hause zu wollen, zeigt ihr der Schulsozialarbeiter die Möglichkeit auf, sich selbst beim Notdienst des Jugendamts beziehungsweise zunächst bei der Polizei zu melden, ihre Situation dort darzustellen und um eine Inobhutnahme zu bitten.

Da klingelt Monicas Handy. Ihr Vater ist am Telefon. Er ist sehr wütend und schreit ins Telefon, sie solle sofort heimkommen. Monica bricht sofort wieder in Tränen aus und lässt das Handy fallen. Sarah nimmt es und schaltet es aus. Kurz darauf fliegt die Tür auf und Giovanni kommt hereingestürmt. Er reißt Monica vom Sofa hoch, packt sie am Arm und schreit sie auf Italienisch an, sie solle sofort mit ihm nach Hause kommen. Sie wehrt sich, schreit und schlägt auf ihren Bruder ein. Bernd steht schnell auf, trennt die beiden und sagt zu Giovanni, er solle den Raum sofort verlassen. Er schiebt ihn zur Tür hinaus und bedeutet ihm, sich zu beruhigen. Zunächst schreit Giovanni den Schulsozialarbeiter an, er solle sich nicht einmischen und er habe das Recht, seine Schwester nach Hause zu bringen. Bernd bleibt ruhig und entspannt bewusst seine Körperhaltung. Nun beruhigt sich auch Giovanni und Bernd bittet ihn, mit ihm vor dem Jugendhaus „unter vier Augen" sprechen zu können. Dieser willigt ein.

Bernd fragt Giovanni, wie denn in den letzten Tagen die Stimmung bei Ihnen zu Hause gewesen sei und wie er sich erklären würde, dass seine Schwester nicht mit ihren Eltern sprechen wolle. „Zwischen denen knallt es immer wieder seit Moni mit Mauro zusammen ist. Da ist sie selbst schuld! Was lässt sie sich auch mit so einem Penner ein …" Schulsozialarbeiter: „Und was wird jetzt geschehen, wenn Monica heute nach Hause kommt?" „Alter! Mein Vater wird sie grün und blau schlagen, was sonst?"

Diese Aussage bestätigt für den Schulsozialarbeiter letztlich, dass es hier um eine **akut drohende Kindeswohlgefährdung** geht und Monica in jedem Fall Unterstützung bei der Konfrontation mit ihren Eltern braucht.

Während die beiden zurück ins Jugendhaus gehen, hält an der Straße ein Auto und Monicas Vater sowie ein weiterer Mann steigen aus. Sie kommen eilig heran und Herr S. fragt: „Wo ist meine Tochter?" Bernd Larsson antwortet, dass sie im Haus sei, es ihr aber nicht besonders gut gehe. Der Vater stürmt hinein, gefolgt von Schulsozialarbeiter Larsson sowie Giovanni und dem anderen Mann. Er öffnet die Tür zum Büro, sieht Monica, geht auf sie zu, nimmt sie an der Hand und zieht sie hinter sich her Richtung Auto. Monica ist nun förmlich in sich zusammengesackt und lässt sich widerstandslos wegführen. Bernd Larsson stellt sich den beiden auf der Treppe in den Weg und bittet Monicas Vater, in Ruhe mit ihm zu sprechen. Doch dieser schiebt ihn zur Seite und verschwindet mit seiner Tochter.

Monicas Freundinnen Sarah und Luisa, welche die Szene beobachtet haben, brechen in Tränen aus und flehen den Schulsozialarbeiter und die ebenfalls erschrocken wirkende Jugendhausleiterin an, sie müssten sofort etwas tun! Monica würde es nun richtig dreckig gehen ...

Folgendes Vorgehen scheint für den Schulsozialarbeiter nun angebracht zu sein:

- **Sofortiger Anruf beim Polizeirevier** und Information der Beamten über die Geschehnisse;
- Hinweis auf eine **mögliche akute Gefährdung des Kindeswohls;**
- Bitte um **Informationsweitergabe an die Jugendschutzstelle** beziehungsweise den Bereitschaftsdienst der zuständigen Inobhutnahme-Einrichtung;
- kurze allgemeine **Information** der bei der Schuldisko Aufsicht führenden **Lehrer** durch die Jugendhausleiterin;
- Besprechung der Situation und **Stärkung der beiden Freundinnen** Luisa und Sarah durch die Jugendhausleiterin;
- **Aufsuchen von Monica bei sich zu Hause** durch den Schulsozialarbeiter in Begleitung der Polizei.

> Nach etwa zehn Minuten ruft der Bereitschaft habende Sozialpädagoge der Notaufnahme-Einrichtung des Landkreises an. Er sei von der Polizei in groben Zügen informiert worden und bittet um genauere Informationen und um die Einschätzung, ob eine Inobhutnahme voraussichtlich eingeleitet werden müsse. Bernd Larsson notiert sich die Handynummer des Kollegen und kündigt an, ihn baldmöglichst zurückzurufen um weitere Absprachen zu treffen.
>
> Wenig später hält wie vereinbart das Polizeiauto vor dem Jugendhaus, um Bernd Larsson abzuholen. Dieser ist erleichtert, als er feststellt, dass es der Leiter des örtlichen Polizeipostens und seine Kollegin sind, die gerade jetzt Dienst haben und persönlich kommen können. Beide kennen die Familie bereits. Auf der Fahrt zum Haus von Familie S. informiert Bernd Larsson kurz die beiden Polizeibeamten. Diese fordern zur Sicherheit per Funk eine zweite Streife an. Es wird verabredet, dass der Schulsozialarbeiter den vier Polizisten in die Wohnung der Familie folgt, sich im Gespräch mit den Eltern aber zunächst zurückhält.

Um in derartigen Krisen schnell, sicher und ohne Reibungsverluste handeln zu können, ist es notwendig, dass die erforderliche Kommunikation mit anderen sozialpädagogischen Fachkräften (hier: mit der Jugendschutzstelle) oder gar Vertretern anderer Berufsgruppen (hier: mit der Polizei) nicht erst dann beginnt. Zum Kernaufgabenbereich innerschulischer und außerschulischer Vernetzung und Gemeinwesenarbeit[83] gehört es, **Kontakte zu möglichen Kooperationspartnern** unabhängig vom jeweiligen Anlass zu knüpfen und kontinuierlich zu pflegen. Hierbei handelt es sich um sinnvoll investierte Zeit, die sich in akuten Situationen vielfach auszahlt.

> Die Eltern sowie der mittlerweile auch anwesende Bruder wirken erstaunt. Die Polizistin fragt nach Monica und sagt, dass sie mit ihr allein sprechen wolle. Während sich die beiden in das Badezimmer zurückziehen, konfrontiert der Polizist die Eltern mit dem Anlass ihres Erscheinens: Er sagt, dass verschiedene Personen die Sorge geäußert hätten, dass Monica körperliche Gewalt angetan werden könnte und dass sie als Polizei verpflichtet wären dem nachzugehen. Der Vater bestätigt, sehr wütend und aufgewühlt gewesen zu sein, versichert aber, dass er seine Tochter keinesfalls habe schlagen wollen. Der Polizeibeamte zeigt

[83] Vgl. hierzu 3.3

ihm mögliche Konsequenzen auf. Beispielsweise sei ein Wohnungsverweis bei häuslicher Gewalt durch die Polizei möglich.[84]

Der Schulsozialarbeiter stellt seinerseits kurz dar, dass er Monica in den vergangenen Stunden sehr traurig erlebt hat und er den Eindruck hat, es gehe ihr derzeit nicht gut. Er sagt, er habe ihr und ihren Eltern Hilfe und Unterstützung angeboten. Er schlägt vor, dass sie sich zu einem gemeinsamen Gespräch Monica-Eltern-Schulsozialarbeiter in der kommenden Woche verabreden. Beide Elternteile willigen sofort ein und scheinen erleichtert und dankbar über dieses Angebot zu sein.

Gerade wenn die Schulsozialarbeit gemeinsam mit anderen Fachleuten, wie hier mit der Polizei, in Erscheinung tritt, kann es notwendig sein, explizit auf **die eigene professionelle Rolle, Aufgaben und Handlungsweisen** hinzuweisen. Im Unterschied zur Polizei ist beispielsweise nicht Repression und das Ausüben staatlicher Gewalt die Aufgabe, sondern die **Hilfe und Unterstützung für die Kinder und Jugendlichen sowie ihre Familien**. Kommt dies in einer solchen Situation nicht deutlich zum Ausdruck, besteht die Gefahr, dass die Beteiligten die sozialpädagogische Fachkraft als Teil eines gegen sie gerichteten staatlichen Sanktionssystems wahrnehmen.[85]

Die Polizistin, welche aufgrund ihrer eigenen italienischen Herkunft und damit einhergehender interkultureller Kompetenz sowohl das Verhalten der Eltern wie das der Tochter ganz gut einschätzen kann, bietet Monica an, gemeinsam mit dem Schulsozialarbeiter die Inobhutnahme einzuleiten, wenn sie tatsächlich nicht bei ihren Eltern bleiben möchte. Monica möchte von Bernd Larsson daraufhin nochmals genau wissen, wie das Verfahren ablaufen würde.[86] Er erklärt es ihr und bietet ihr an, dass sie gerne auch selbst per Handy mit dem Kollegen der Inobhut-

[84] Siehe hierzu beispielsweise Ministerium für Arbeit und Sozialordnung 2011

[85] Ähnliches sollte auch immer wieder im Schulalltag beachtet werden, beispielsweise wenn der Schulsozialarbeiter beratend an Sanktionsverfahren der Schule beteiligt ist.

[86] Inhalt und Voraussetzungen der Inobhutnahme als sozialpädagogische Krisenintervention durch das Jugendamt und vorläufige Maßnahme zum Schutz von Kindern und Jugendlichen sind in § 42 SGB VIII geregelt. § 42 Abs. 1 Satz 1 Nr. 1 SGB VIII verpflichtet das Jugendamt, „ein Kind oder einen Jugendlichen in seine Obhut zu nehmen, wenn das Kind oder der Jugendliche um Obhut bittet“. Wenn sich ein junger Mensch als sog. „Selbstmelder“ an das Jugendamt wendet „löst allein die Bitte des Kindes die Pflicht der Behörde zum Handeln aus. Eine Vorprüfung der Situation durch das Jugendamt bedarf es nicht; bereits eine Begründung der Bitte durch das Kind ist nicht erforderlich.“ (Verwaltungsgericht Weimar, Gerichtsbescheid vom 10.03.2005, S. 4)

nahmestelle sprechen könne. Er teilt ihr mit, dass er auch mit ihren Eltern gesprochen habe, diese versichert hätten, ihr nichts zu tun und dass sie bereit wären zu einem gemeinsamen Gespräch mit und bei der Schulsozialarbeit. Jetzt beschließt Monica zu Hause zu bleiben.

Sie bedankt sich bei Bernd Larsson für seine Hilfe und fragt, ob sie sich am nächsten Tag bei ihm melden dürfe. „Aber selbstverständlich! Meine Handynummer hast du ja."

Im hier beschriebenen Fallbeispiel erfolgte der Einstieg in die von Bechtler[87] beschriebenen vier Schritte einer Krisenintervention in einem verhältnismäßig kurzen Zeitraum:

- **Einschätzung des Kindes/des Jugendlichen in seiner akuten Krisensituation:** Herausfinden des auslösenden Ereignisses nach Art, Umfang, Bedeutung und betroffenen Personen;
- **Planung der sozialarbeiterischen Intervention:** Einschätzung des Selbsthilfepotenzials des Kindes/des Jugendlichen und vorhandener äußerer Ressourcen, sowie der einzubeziehenden weiteren Personen;
- **Durchführung der Intervention:** emotionale Entlastung des Kindes/des Jugendlichen, Hilfe zur Auseinandersetzung mit den eigenen Gefühlen und zur Entwicklung neuer Bewältigungsmöglichkeiten, sowie ggf. die Vermittlung konkreter Hilfemaßnahmen;
- **Lösung der Krise und vorausschauende Planung:** Stabilisierung der erreichten Problemlösung, Verstärkung der neu gewonnenen Bewältigungsmöglichkeiten, Unterstützung bei weiterer Planung, gegebenenfalls Einleitung einer längerfristigen Hilfeform.

Die Regel ist eher, dass die Bearbeitung einer Krise eines Kindes/eines Jugendlichen im Kontext Schulsozialarbeit wesentlich mehr Zeit bedarf.

Auch in unserem Beispiel folgten dieser ersten Intervention mehrere Gespräche mit Monica, ihren Eltern, Freunden und Lehrern. Hierbei zeigt sich für den Schulsozialarbeiter, dass es ganz unterschiedliche Probleme sind, durch die sich Monica aber auch ihre Eltern sehr belastet fühlen. Er vereinbart mit der Jugendlichen regelmäßige Gesprächstermine, um gemeinsam mit ihr an der Bewältigung der schwierigen Themen zu arbeiten. Nachdem Monica zu den beiden ersten Terminen pünktlich gekommen war, vergisst sie den nächsten und lässt sich auch

[87] Bechtler 1997

eine Zeit lang nicht bei Bernd Larsson sehen. Er nimmt seinerseits Kontakt zu ihr auf, indem er sie auf dem Pausenhof anspricht. Sie signalisiert aber zunächst, dass sie gerade keinen Bedarf für sozialpädagogische Unterstützung sieht, was der Schulsozialarbeiter akzeptiert, obwohl er durchaus den Eindruck hat, dass es wichtig wäre weiterzuarbeiten.

Als Monica ein halbes Jahr später wieder einen größeren Konflikt mit ihren Eltern hat und diese sie in den kommenden Ferien zu ihrer Tante nach Sizilien bringen möchten, wendet sich das Mädchen wieder an Bernd Larsson. Jetzt hat sie einen hohen Problemdruck und ist froh, kontinuierlich mit dem Schulsozialarbeiter sprechen zu können. Auch als die Jugendliche die Schule bereits verlassen hat, kommt sie immer wieder bei Bernd Larsson vorbei.

Aus der anfänglichen Krisenintervention wurde in diesem Fallbeispiel eine **längere sozialpädagogische Beratung** mit teilnehmender Diagnose, Umstrukturierung der Situation, Konfrontation, Training und Berücksichtigung alltäglicher Kontexte[88].

Weitere tatsächliche Beispiele aus der Schulsozialarbeit, in denen Krisenintervention als methodischer Ansatz angezeigt war:

- Ein Grundschüler (9 Jahre) wird von seiner Lehrerin zur Schulsozialarbeiterin geschickt. Bereits im ersten Gespräch zwischen den beiden äußert der sehr traurig und niedergeschlagen wirkende Junge Suizidgedanken.
- Der Schulsozialarbeiter erfährt, dass die Mutter von zwei Kindern (elf und zwölf Jahre) wegen einer Psychose für längere Zeit in stationärer Behandlung sein wird. Die verlässliche Betreuung und Versorgung der Kinder scheint nicht gewährleistet zu sein.
- Eine Fünfzehnjährige klettert auf das Dach der Schule, um sich herunter zu stürzen, nachdem zuvor Nacktfotos von ihr im Internet verbreitet wurden.
- Ein Jugendlicher berichtet dem Schulsozialarbeiter, dass sich seine Eltern wegen ihm getrennt hätten.
- Die Schulsozialarbeiterin erfährt, dass ein Mädchen (14 Jahre) jedes Wochenende volltrunken ist und bereits mehrfach von der Polizei nach Hause gebracht wurde.

[88] vgl. Galuske 2011, S. 175 f.

- Nach dem Suizid eines ehemaligen Schülers suchen dessen Freunde und ehemalige Klassenkameraden den Kontakt zum Schulsozialarbeiter „ihrer" Schule. Viele Kinder und Jugendliche der Schule sowie viele Erwachsene sind erschüttert.

3.1.3 Konstruktive Konfliktbearbeitung: Konfliktregelungsgespräch, Mediation und Mobbingintervention

Konflikte sind etwas Normales, sie gehören als selbstverständlicher Bestandteil zu unserem Leben dazu. Nur ungelöste Konflikte sind gefährlich. Wenn Fachkräfte der Schulsozialarbeit, und selbstverständlich auch das weitere pädagogische Personal einer Schule, diesen Satz als eigene Grundhaltung verinnerlicht haben und diese entsprechend gelebt wird, schwindet das Bedrohliche von Konflikten und sie können konstruktiv bearbeitet werden. Dann kann jeder Konflikt und vor allem der Umgang damit Lernen bedeuten und die Konfliktbeteiligten persönlich voran bringen.

Zugegeben: Das klingt einfacher als es in der Praxis tatsächlich ist. Aber es lohnt sich, sich intensiv darum zu bemühen, denn die konstruktive Konfliktbearbeitung gehört zum „täglich Brot" der Schulsozialarbeit.

Für die Praxis der Schulsozialarbeit haben sich in der **konstruktiven Konfliktbearbeitung** mehrere **methodische Ansätze und Handlungskonzepte** als tauglich erwiesen:

- das Konfliktregelungsgespräch,
- die Mediation,
- der Täter-Opfer-Ausgleich als besondere Form der Mediation,
- die Mobbingintervention, beispielsweise in Form des no-blame-approach,
- der Klassenrat.

> Die Klassenlehrerin der fünften Klasse, Doris Jaeckel, klopft in der großen Pause an die Türe von Schulsozialarbeiterin Mareike Locher. „Kann ich mal mit Ihnen sprechen? Es geht um meine Schülerin Kim. Sie hat irgendwas, es geht ihr nicht gut, aber genau weiß ich es auch nicht." „Selbstverständlich. Worum geht es denn?" „Seit einigen Tagen wirkt sie so anders, so bedrückt. So kenne ich sie gar nicht. Ich habe sie

gefragt, was los ist, aber sie sagt mir nichts. Vielleicht haben Sie ja eine Idee ...?" „Ich würde mir gerne die Zeit nehmen, mich in Ruhe mit Ihnen zu beraten. Was denken Sie, wie viel Zeit benötigen wir?" „Ich denke, etwa eine halbe Stunde." „Gut, ginge es heute Nachmittag um 15.00 Uhr?" „Ja, ich komme dann zu Ihnen ins Büro."

Häufig werden Schulsozialarbeiter „zwischen Tür und Angel" von Lehrern über Auffälligkeiten oder Vorkommnisse informiert. Um den Anliegen des betreffenden Lehrers und vor allem den Kindern und Jugendlichen, um die es geht, gerecht werden zu können, ist es sinnvoll und notwendig, nicht sofort ins Thema einzusteigen, auch wenn es häufig eigene Impulse bei der sozialpädagogischen Fachkraft hierfür gibt. Für eine **angemessene Diagnose und Auftragsklärung** ist es jedoch wichtig, sowohl ausreichend Zeit als auch das passende Setting zu haben.

Am Nachmittag sitzen die Klassenlehrerin und die Schulsozialarbeiterin dann bei einer Tasse Kaffee in der Sitzecke im Büro der Schulsozialarbeit. Frau Jaeckel berichtet, dass sich bei ihrer Schülerin Kim Seibold (11 Jahre) seit rund zwei Wochen deren Verhalten im Unterricht und – soweit sie das beobachten konnte – auch in den Pausen verändert habe. Eigentlich sei sie ein aufgewecktes, lustiges Mädchen, das sich gerne am Unterricht beteiligt und vor allem in der Mittagspause immer viel mit anderen Kindern spielt. Doch nun sitze sie häufig still da und reagiere nur, wenn sie direkt angesprochen würde. In den Pausen suche sie eher die Nähe von Lehrern, ohne diese aber direkt anzusprechen. Das hätten auch andere Kollegen schon beobachtet. Gestern habe sie Kim nach der letzten Unterrichtsstunde gebeten, noch einen Moment mit ihr sprechen zu können. Frau Jaeckel habe ihr gesagt, dass sie sich Sorgen machen würde und gefragt, ob sie ihr irgendwie helfen könne. Daraufhin hatte Kim angefangen zu weinen, wollte aber nichts sagen. Die Lehrerin hatte ihr dann noch gesagt, sie könne jederzeit zu ihr kommen – oder sich an Mareike Locher wenden.

Außer der Kontaktaufnahme zur Schulsozialarbeiterin mit dem Ziel, sich mit ihr kollegial zu beraten, hat Doris Jaeckel noch nichts weiter unternommen.

Zunächst hört die Schulsozialarbeiterin aufmerksam zu und stellt nur kurze Verständnisfragen. Nach den Ausführungen Doris Jaeckels fragt Mareike Locher nun genauer nach, um für sich eine Einschätzung der Situation vornehmen zu können: Wie würde die Klassenlehrerin ihre Beziehung zu Kim grundsätzlich beschreiben? Wie haben sich die anderen Kinder in Kims Klasse in den vergangenen Tagen verhalten? Gab es hier Auffälligkeiten? Haben sich ihre Freundinnen in irgendeiner Weise geäußert? In welcher Form haben die anderen Lehrer ihre Beobachtungen mitgeteilt? Wann hatte die Klassenlehrerin zuletzt Kontakt zu Kims Eltern? Weiß sie etwas über die aktuelle Situation in der Familie? Wie haben sich Kims Schulleistungen in den letzten Wochen entwickelt? Gab es sichtbare körperliche Veränderungen (Gewichtsabnahme, blaue Flecken ...)? Wie hat Kim auf das Angebot reagiert, zur Schulsozialarbeit Kontakt aufzunehmen?

Nachdem die Lehrerin auf diese Fragen geantwortet hat, entwickeln die beiden gemeinsam erste Hypothesen zu Kims Situation und visualisieren diese auch am Flipchart:

Kim könnte einen größeren Streit mit anderen Kindern haben, der sie sehr belastet.

Kim könnte zu Hause mit ihren Eltern oder Geschwistern einen Konflikt haben oder sich in einer anders belastenden Situation (z. B. Krankheit, Tod, Trennung der Eltern, ...) befinden.

Kim könnte eine sehr unangenehme oder gar traumatische Erfahrung (im schulischen Umfeld?) gemacht haben, die ihre Verhaltensänderung bedingt.

In jedem Fall scheint es Kim nicht möglich zu sein, sich im Moment der Klassenlehrerin anzuvertrauen, obwohl sie zu dieser bisher offenbar „einen guten Draht" hat. Möglicherweise hat sie Angst vor den Folgen.

Die **Bildung von Hypothesen** ist ein wichtiger Schritt in der sozialpädagogischen Diagnose und bei der Planung geeigneter sozialpädagogischer Interventionen.[89] Selbstverständlich sollte aber immer die Offenheit bei der sozialpädagogischen Fachkraft vorhanden sein, die formulierten Hypothesen in Frage zu stellen oder bei neuen Erkenntnissen anzupassen. Auch besteht die Gefahr, dass „blinde Flecken" dafür sorgen, dass wichtige Aspekte außen vor bleiben.

Wertvoll ist es, wie in diesem Fall, wenn sich Sozial- und Schulpädagogen mit ihren unterschiedlichen fachlichen Hintergründen im Rahmen der **kollegialen Beratung** gemeinsam Gedanken über mögliche Ursachen und Gründe des gezeigten Verhaltens des Kindes oder Jugendlichen machen und auch gemeinsam beraten, wer als nächstes welche Schritte unternimmt.

[89] vgl. Galuske 2011, S. 215 ff.

Die Schulsozialarbeiterin und die Klassenlehrerin verabreden nach einer rund halbstündigen Beratung Folgendes:

Die Klassenlehrerin wird gleich im Anschluss an das Gespräch bei Kims Eltern anrufen, ihre Wahrnehmungen und die bisherigen Schritte schildern und die Eltern um eine Einschätzung bitten. Sie wird die Eltern explizit auf das Unterstützungsangebot der Schulsozialarbeit aufmerksam machen. Außerdem wird Doris Jaeckel nochmals auf Kim zugehen, ihr mitteilen, dass sie sich um sie Sorgen machen würde, und ihr Gesprächsangebot erneuern.

Die Schulsozialarbeiterin wird Kim am nächsten Tag in der Mittagspause ansprechen und ihr anbieten, im Büro oder während eines kleinen Spaziergangs über das weitläufige Schulgelände mit ihr zu sprechen. Da die beiden sich aus dem Training sozialer Kompetenz in Klasse 5 und aus vielen weiteren kleinen Begegnungen kennen und Kim ihr gegenüber bisher immer sehr offen war, geht Mareike Locher davon aus, dass Kim zustimmen wird.

Beide verabreden, sich am nächsten Nachmittag nochmals gegenseitig zu informieren und weitere Absprachen zu treffen.

Ein zwischen Lehrern und Schulsozialarbeitern **abgestimmtes Vorgehen** ist in vielen Einzelhilfe-Situationen ein Schlüssel für den Erfolg sozialpädagogischen Handelns. Das bedeutet nicht, dass Lehrer sozialpädagogisch handeln oder Schulsozialarbeiter die Rolle der Lehrer übernehmen sollen. Im Gegenteil ermöglichen erst die gemeinsame Einschätzung der Situation, die Einigkeit in den entwickelten Hypothesen und die Transparenz in der Zielsetzung, dass alle Beteiligten innerhalb ihrer Rolle und ihres professionellen Auftrags wirksam zur weiteren Klärung des Situation beitragen können.

Als die Schulsozialarbeiterin am nächsten Tag zu Beginn der Mittagspause vor der Mensa auf Kim wartet und diese dann auch kommt, fällt ihr auf, dass das Mädchen richtig zu erschrecken scheint, als sie den Siebtklässler Mariano Costa (13 Jahre) mit mehreren Jungen seiner Klasse an der Tischtennisplatte neben dem Mensaeingang stehen sieht. Auch Mariano scheint auf Kim gewartet zu haben und geht auf sie zu. Er redet auf sie ein und scheint das Gesagte mit einer drohenden Geste unterstreichen zu wollen. Dann lässt er von ihr ab und geht zurück zu den anderen Jungen. Kim rührt sich erst, als sie Mareike Locher langsam auf sich zukommen sieht. Das Mädchen hat Tränen in den Augen.

Mareike Locher legt Kim behutsam den Arm um die Schulter und sagt: „Komm, lass uns eine Runde zusammen spazieren gehen. Einverstanden?“ Die Fünftklässlerin nickt. Während die beiden in den Park der Schule gehen, fragt die Schulsozialarbeiterin, ob sich Kim von Mariano bedroht gefühlt habe. Kim fängt an zu schluchzen und nickt.

Im Gehen beginnt Kim zu erzählen. Zunächst zögerlich, dann bricht es förmlich aus ihr heraus. Das Mädchen teilt der Schulsozialarbeiterin mit, dass Mariano sie in den letzten Wochen immer wieder bedroht habe. Sie solle ihm jeden Tag eine Pizza im Schülercafé kaufen. Wenn sie das nicht tut, würde er dafür sorgen, dass es für sie „richtig unangenehm“ in der Schule werden würde. Aus Angst vor dem Siebtklässler hat Kim nach und nach das Geld, das sie von ihren Großeltern zu Ostern bekommen hatte, genommen und war Marianos Forderungen nachgekommen. Nun, da das Geld aufgebraucht ist, weiß sie nicht mehr weiter.

Das Mädchen möchte nicht, dass es ihre Eltern erfahren, und wollte deshalb auch nicht mit ihrer Klassenlehrerin darüber sprechen. Ihre Freundin Sophie, die dieselbe Klasse wie Mariano besucht, ist die einzige die bisher davon wusste. Auch sie hat Angst vor Mariano, der sie regelmäßig beleidigt, vor den Mitschülern bloßstellt und Lügen über sie in Facebook verbreitet.

Die Schulsozialarbeiterin und Kim setzen sich auf eine Bank. Mareike Locher zieht ein Taschentuch aus der Tasche und reicht es dem Mädchen. „Das bekommen wir schon hin!“

Zunächst ist es wichtig, das die Schulsozialarbeiterin dem Mädchen deutlich zu verstehen gibt: Egal was es ist, ich bin für dich da. Das Gefühl, **einem Erwachsenen vertrauen und sich ihm öffnen zu können**, ist eine wesentliche Grundbedingung dafür, dass Kinder und Jugendliche über ihre Probleme sprechen können. Sozialpädagogische Fachkräfte an Schulen sollten alles dafür tun, dass sich zwischen ihnen und möglichst vielen Schülern eine solche förderliche Beziehung entwickeln kann.

Hierbei bedarf es nicht unbedingt vieler persönlicher Begegnungen – wenngleich selbstverständlich gilt, dass die jungen Menschen umso mehr Vertrauen entwickeln können, je mehr sie die Schulsozialarbeiterin direkt erleben (beispielsweise in Projekten im Klassenverband oder in offenen Angeboten). Entscheidend scheint es jedoch vielmehr zu sein, dass die Schulsozialarbeiter als authentische Personen wahrgenommen werden können.

Am Nachmittag bespricht sich die Schulsozialarbeiterin erneut mit Klassenlehrerin Jaeckel. Kim hatte ihr auch die Einwilligung gegeben, dass sie über das Gespräch zwischen ihnen sprechen dürfe.

Die Lehrerin berichtet vom Telefonat mit Kims Mutter, welches sie heute in der Mittagspause führen konnte: Frau Seibold hatte sich auch schon Sorgen um Kim gemacht, nachdem sie in den letzten Tagen häufiger über Bauchschmerzen geklagt hatte und mehrfach äußerte, nicht mehr in die Schule gehen zu wollen. Sie hatte bislang vergeblich versucht, mit Kim darüber zu sprechen und ist nun dankbar und froh, dass sich jetzt vielleicht etwas ändert. Sie willigte sofort ein, baldmöglichst zu einem persönlichen Gespräch mit Kim, der Klassenlehrerin und der Schulsozialarbeiterin in die Schule zu kommen.

Mareike Locher und Doris Jaeckel vereinbaren, dass zunächst die Sozialpädagogin ein Gespräch mit Kim und ihrer Freundin Sophie führen wird, mit dem Ziel, die Situation aus Sicht der Kinder genau verstehen zu können sowie um eine Bewertung vornehmen und das weitere Vorgehen konkret planen zu können. Hierzu wird die Schulsozialarbeiterin die beiden Mädchen am nächsten Vormittag aus dem Unterricht und zu ihr ins Büro holen.

Doris Jaeckel wird ihren Kollegen Stefan Randerbrug, Klassenlehrer von Sophie und Mariano, informieren und um seine Einschätzung bitten. Ebenso wird sie Schulleiterin Christine Neumann über die Situation und das vereinbarte Vorgehen in Kenntnis setzen.

Gemeinsam wollen die beiden Pädagoginnen Mariano am nächsten Tag in der Mittagspause mit den Vorwürfen konfrontieren und seine Sicht der Situation hören.

Dann werden sie sich nochmals zu dritt – Mareike Locher, Doris Jaeckel und Stefan Randerbrug – kollegial beraten und über das weitere Vorgehen und die Rollen und Aufgaben jedes Einzelnen abstimmen.

Auch wenn jeder Einzelfall für sich beurteilt werden muss und es auch im schulischen Kontext durchaus Fälle geben kann, in denen schnell weitere Akteure (Schulleitung, Polizei, o.ä.) aktiv werden müssen, könnte ein **Ablaufschema für einen solchen Konflikt mit einer Täter-Opfer-Beziehung** beispielsweise so aussehen:

- Wahrnehmung der problematischen Situation
- Kollegiale Beratung und Einschätzung der Situation durch Schulsozialarbeiter und Lehrer

- Information der Schulleitung und ggf. betroffener Lehrerkollegen
- Erstes Gespräch mit Opfer(n)
- Kollegiale Beratung mit allen beteiligten Pädagogen (Schulsozialarbeit und Lehrer)
- Erstes Gespräch mit Eltern des/der Opfer(s)
- Erstes Gespräch mit Täter
- Erstes Gespräch mit Eltern der Täter
- Gemeinsames Gespräch als Mediation beziehungsweise Täter-Opfer-Ausgleich zwischen Opfer und Täter
- Klassenrat zum Thema (moderiert durch Schulsozialarbeit)
- Mit etwas zeitlichem Abstand: nochmaliges Gespräch zwischen Täter und Opfer zur Überprüfung der getroffenen Vereinbarungen

Gerade in der pädagogischen Arbeit mit Kindern und Jugendlichen ist es wichtig, dass **auftretende Konflikte umgehend bearbeitet** werden und zwischen den einzelnen Schritten der Konfliktbearbeitung nicht zu viel Zeit liegt. Je präsenter den Kindern und Jugendlichen die Situationen und beispielsweise die damit verbundenen Gefühle im Einzelnen noch sind, desto eher können sie sich auf die konstruktive Auseinandersetzung damit einlassen. Und wenn es um Sanktionen nach abweichendem Verhalten geht, ist der zeitliche Faktor bekanntlich dafür entscheidend, wie sehr ein junger Mensch diese in Bezug zum auslösenden Verhalten setzt und daraus lernt.

> Die beiden Mädchen Kim und Sophie sitzen auf dem Sofa in Schulsozialarbeiterin Mareike Lochers Büro. Beide wirken erleichtert. Auf die Frage, wie es ihnen denn nun gehen würde, antworten beide übereinstimmend: „Gut. Endlich kann das aufhören."
>
> Die Sozialpädagogin lässt sich von beiden Mädchen nochmals genau schildern, wie sich Mariano ihnen gegenüber verhalten hat. Sie greift dabei immer wieder die Gefühlsäußerungen Kims und Sophies auf und fragt hier genauer nach: „Habe ich dich richtig verstanden, Sophie, dass du traurig bist und dich sehr klein gemacht fühlst, wenn Mariano dich vor deinen Klassenkameraden als ‚fette Tonne' bezeichnet?" „Was löst das in dir aus, Kim, wenn Mariano zu dir kommt und nach dem Geld für die Pizza fragt?"

Das **Verbalisieren von Gefühlen** ist sehr hilfreich in der konstruktiven Bearbeitung von Konflikten und nicht selten der Schlüssel zur Lösung. Sie liegen „un-hörbar“ in unserem Inneren, sind aber unsere wichtigsten „Antreiber“ oder „Bremser“ in der Konfliktdynamik. Vielen Kindern und Jugendlichen (und im Übrigen auch vielen Erwachsenen) fällt es schwer, ihre Gefühle sprachlich auszudrücken, weil sie hierin oftmals wenig geübt sind. Durch **Techniken wie Spiegeln, aktives Zuhören oder Umformulieren von Aussagen** kann die sozialpädagogische Fachkraft dabei unterstützen, dass Gefühle für andere besser wahrnehmbar werden. Und erst wenn Gefühle „draußen“ und für alle offensichtlich sind, können sie auch nachempfunden werden.

> „Könntet ihr euch vorstellen, dass wir ein gemeinsames Gespräch mit Mariano führen? Ihr beide, Mariano und ich? Ich würde das Gespräch moderieren und ihr könntet Mariano direkt sagen, wie es euch geht und was ihr jetzt mir erzählt habt. Und ihm auch sagen, dass ihr möchtet, dass er damit aufhört. Könntet ihr euch das vorstellen?“ Sophie: „Ich will, dass er bestraft wird. Ich will nicht nur reden.“ „Das kann ich gut verstehen. Wie du weißt, bin ich nicht diejenige, die ihn bestrafen kann, das müssten Frau Jaeckel, Herr Randerbrug oder Frau Neumann tun. Und ich bin mir sicher, dass sie auch dafür sorgen werden, dass sein Verhalten Konsequenzen hat. Mir geht es in erster Linie um euch beide. Ich könnte mir vorstellen, dass es dir und Kim nach so einem Gespräch besser gehen würde und ihr wegen Mariano keine unangenehmen Gefühle mehr haben bräuchtet. Wollen wir es mal probieren?“ Kim: „Ich bin einverstanden.“ Sophie: „Okay. Aber nur, wenn du dabei bist.“ „Prima. Dann werden wir mal sehen, ob auch er einverstanden ist.“

Die Schulsozialarbeiterin macht hier gegenüber den beiden Mädchen nochmals **ihre Rolle und ihren Auftrag** klar. Das ist gerade dann wichtig, wenn Kinder oder Jugendliche erstmals Kontakt mit der Schulsozialarbeit haben. Gerade mit Blick auf mögliche Sanktionen für die Konfliktbeteiligten muss diesen klar sein, dass die pädagogische Fachkraft keine strafende, sondern eine unterstützende und helfende Instanz darstellt.

> Nach dem Gespräch mit den beiden Mädchen setzt sie sich an ihren Schreibtisch und hält mit Hilfe ihrer Dokumentationssoftware am PC die wichtigsten Aussagen der beiden sowie ihre Einschätzungen fest.

Ein in der Praxis aufgrund zeitlichen Drucks immer wieder vernachlässigtes Thema ist die **kontinuierliche schriftliche Dokumentation** des eigenen Handelns. Es gehört zu professionellem sozialarbeiterischem Handeln jedoch unbedingt dazu, dass dieses auch nach einiger Zeit noch für einen selbst und gegebenenfalls für andere nachvollziehbar ist. Und gerade durch die Vielzahl an Gesprächen, Kontakten und Aufgaben kann der eigene Kopf hierfür nicht ausreichend sein.

In der Mittagspause treffen sich Doris Jaeckel und Mareike Locher im Besprechungszimmer der Schule. Auch der bereits informierte Stefan Randerbrug kommt mit dazu. Nach einem kurzen Austausch geht Marianos Klassenlehrer in die Mensa und holt den Jungen zum Gespräch dazu. Der Dreizehnjährige wirkt verunsichert, als er den Raum betritt.

Sein Klassenlehrer beginnt: „Mariano, kannst du dir vorstellen, warum wir drei mit dir sprechen möchten?“ „Vielleicht ...“ Schulsozialarbeiterin: „Zwei deiner Mitschülerinnen geht es im Moment gar nicht gut. Und das hat mit dir zu tun. Sie fühlen sich durch dich erpresst und fertig gemacht.“ Mariano: „Wer soll das sein?“ Doris Jaeckel: „Kim und Sophie haben beide mit uns gesprochen und erzählt, dass Kim dir seit einiger Zeit regelmäßig von ihrem Geld Pizza kaufen soll und du Sophie immer wieder massiv beleidigen und vor den anderen Schülern eurer Klasse bloß stellen würdest. Was sagst du dazu?“ „Nichts. Was soll ich schon sagen?“ „Würdest du sagen, die beiden haben Recht?“ „Was weiß ich ... Die sollen sich nicht so aufspielen, die kleinen Pisser!“ „Wir möchten, dass das sofort aufhört. Wir akzeptieren es nicht, dass irgendjemand bei uns an der Schule Angst hat. Wir werden es nicht zulassen, dass irgendjemand durch dich oder andere Kinder oder Jugendliche bedroht, erpresst, beleidigt oder fertig gemacht wird! Du weißt es und siehst es auch jetzt hier, dass wir Gewalt sehr ernst nehmen und dafür sorgen, dass sich jeder bei uns sicher fühlen kann!“

Schulsozialarbeiterin Locher: „Was hältst du davon, Mariano, wenn du mit Kim und Sophie sprichst? Ich würde dich gerne einladen, dass wir ein Gespräch zu viert führen: du, Kim, Sophie und ich. Da könntet ihr miteinander schauen, was da gerade los ist zwischen euch. Wie wäre das?“ „Du kannst mich gar nicht bestrafen, du bist Sozialarbeiterin!“ „Mir geht es auch nicht darum, dich zu bestrafen. Ich möchte Kim und Sophie dabei unterstützen, dass sie ihre unangenehmen Gefühle loswerden. Und dich möchte ich darin unterstützen, dass du keinen Ärger bekommst, sondern dich so verhältst, dass es auch dir besser damit geht.

Ich habe nämlich im Moment schon den Eindruck, dass du mit der Situation im Moment auch nicht glücklich bist, oder?" Mariano: „Wenn ihr alle wüsstet, was bei mir gerade abgeht. Ich habe nur scheiß Stress! Und jetzt auch noch das hier ...!" Mariano senkt den Kopf und hat Tränen in den Augen. Mareike Locher legt ihre Hand auf seine Schulter und streichelt ihn leicht.

Gerade in gemeinsam von Lehrern und Schulsozialarbeiterin geführten Gesprächen ist es wichtig, dass für das Kind oder den Jugendlichen deutlich wird, **wer welche Rolle** innehat.

Nach einigen Minuten Stille sagt Stefan Randerbrug, dass er Marianos Mutter informieren und zu einem gemeinsamen Gespräch in die Schule einladen wird. Er teilt Mariano mit, dass auch die Schulleiterin Bescheid weiß. „Das tut mir leid, dass du im Moment selbst einige Probleme hast. Mir ist klar, dass meistens der, der anderen Probleme macht, selbst welche hat. Aber Probleme lassen sich meistens lösen. Ich würde es klasse finden, wenn du dich – unabhängig von dem Gespräch mit Kim und Sophie – einfach mal mit Frau Locher besprechen würdest, Mariano. Wenn du willst und Frau Locher Zeit hat, könnt ihr das von mir aus auch jetzt gleich machen. Ich werde dir dann morgen sagen, was ich mir als Konsequenz für dich überlegt habe." Damit endet das Gespräch.

Vor der Tür greift Mareike Locher den Vorschlag des Lehrers auf: „Hast du Lust auf eine Tasse Tee oder ein Glas Saft? Ich würde gerne mit dir sprechen, wenn du magst. Du musst natürlich nicht." „Ja, okay."

Die Sozialpädagogin betont hier, gerade auch in Abgrenzung zu den Schulpädagogen, die **Freiwilligkeit ihres Angebots**. Kinder und Jugendliche sollten nicht das Gefühl haben, dass sie mit der Schulsozialarbeit sprechen müssen, wenn sie das nicht wollen.

In einem sehr offenen Gespräch erfährt die Schulsozialarbeiterin dann, dass Mariano selbst im Moment jede Menge Schwierigkeiten hat und sich sehr belastet fühlt: Mit seinen Eltern hat er Ärger, weil er vor einigen Wochen betrunken von der Polizei nach Hause gebracht wurde, sein Vater hatte ihn dann erst mal „richtig" verprügelt. Seine Mutter muss demnächst für einige Wochen in eine psychiatrische Klinik, weil sie offensichtlich schwer depressiv ist und seine Schulnoten sind auch viel schlechter geworden. Und wenn dann noch seine Kumpel sagen, er sei ein Weichei geworden, dann fühlt er sich ganz allein. Und jetzt auch noch der Stress wegen den beiden Mädchen …

Mareike Locher gibt dem in sich zusammen gesunkenen Jungen zu verstehen, dass sie nachempfinden kann, wie er sich momentan fühlt. Sie macht ihm aber auch klar, dass das alles keine Rechtfertigung für Gewalt – verbal oder körperlich – ist und er die Verantwortung für sein Handeln übernehmen muss.

Sie bietet ihm an, dass er jederzeit zu ihr kommen könne, wenn er reden wolle oder es ihm nicht gut gehe und sie schlägt Mariano vor, dass er gerne auch mal bei ihrem Kollegen aus dem Team der kommunalen Jugendarbeit, Sascha Mirkovic, im Jugendhaus vorbeischauen könnte. „Der sucht gerade fitte Jungen wie dich für ein Medienprojekt. Du kannst doch prima mit Computern umgehen."

Am Ende fragt ihn die Sozialpädagogin nochmals nach seiner Bereitschaft zum Gespräch mit Kim und Sophie. „In Ordnung, aber nur, wenn Herr Randerbrug und Frau Jaeckel nicht dabei sind." „Natürlich. Nur die beiden Mädchen, du und ich als Mediatorin. Du weißt ja sicher noch aus eurem Training sozialer Kompetenz, was das ist."

Die beiden Lehrer haben ein gemeinsames Gespräch mit den Eltern von Sophie und Kim vereinbart. Gekommen sind jeweils die Mütter. Auch die Schulsozialarbeiterin nimmt daran teil. Und natürlich die beiden Mädchen. In dem Gespräch informieren die beiden Lehrer über die Ausgangssituation und in groben Zügen über die bisher mit den Kindern geführten Gespräche. Des Weiteren bitten sie die Mütter um eine Rückmeldung, ob dieser Weg auch aus ihrer Sicht passend ist oder ob sie möglicherweise zusätzlich zu den pädagogischen Maßnahmen der Schule strafrechtliche Schritte gehen werden, also Strafantrag bei der Polizei stellen wollen.

Die Schulsozialarbeiterin ergänzt, dass sie dies jederzeit machen könnten und informiert darüber, welche Folgen dies vor allem für Mariano haben würde. Da er mit 13 Jahren noch nicht strafmündig ist, gäbe es kein (Jugend-)Strafverfahren. Die Polizei würde das Jugendamt informieren, welches sich – je nach eigener Einschätzung – mit seinen Eltern in Verbindung setzen und ein Beratungsangebot machen könnte. Sie regt an, dass sich die Mütter auch direkt mit Marianos Eltern in Verbindung setzen könnten, um sich gegenseitig zu informieren und über den Umgang mit der Situation zu beraten. Beide sind dankbar für die Hinweise und meinen, dass sie keinesfalls zur Polizei gehen würden, sondern die Klärung des Konflikts mit Hilfe der Schulsozialarbeit in der Schule für den sinnvolleren Weg halten.

Eine wichtige Aufgabe von Schulsozialarbeit in der Beratungsarbeit ist es, diejenigen, die mit ihren Anliegen zu den sozialpädagogischen Fachkräften kommen, **umfassend zu den jeweiligen Themen zu informieren**. Hierzu zählt auch die Information über rechtliche Möglichkeiten, die die Betroffenen in ihrer Situation haben.

Das setzt selbstverständlich voraus, dass die Schulsozialarbeiter selbst **„sattelfest" in relevanten Rechts- und Verfahrensfragen** sind.

Lehrer Stefan Randerbrug hat Frau Costa, Marianos Mutter, angerufen und sie gebeten, für ein Gespräch mit ihm und Mariano in die Schule zu kommen. Er schildert ihr nur kurz, was vorgefallen ist, und bittet sie, sich zunächst von ihrem Sohn die Details schildern zu lassen. Sie verabreden sich für den Nachmittag des folgenden Tages.

Nachdem das Gespräch dann stattgefunden hat, berichtet der Lehrer Schulsozialarbeiterin Mareike Locher davon: Mariano hatte seine Mutter offensichtlich noch nicht alles gesagt gehabt. Als sie hörte, dass ihr Sohn eine andere Schülerin vermutlich schon seit einiger Zeit erpressen würde, war sie schockiert. Das hätte sie nie von ihm gedacht. Frau Costa wird alle Erziehungs- und Ordnungsmaßnahmen der Schule voll und ganz mittragen. Darüber hinaus wird er zu Hause auch mit Strafen rechnen müssen.

Stefan Randerbrug sprach sie auch auf die von Mariano geäußerten Belastungen in der Familie an und meinte, dass er sich auch Sorgen um ihn machen würde. „Mir ist es ein wichtiges Anliegen, dass es Mariano gut geht. Und ihnen als Mutter geht es sicherlich genauso. Daher würde ich Ihnen empfehlen, Kontakt zu unserer Schulsozialarbeiterin Frau Locher aufzunehmen. Mariano ist bereits mit ihr im Gespräch." Frau Costa will sich bei der Schulsozialarbeit melden.

Lehrer haben vielfach gute Möglichkeiten, für Eltern als „Brückenbauer" zur Schulsozialarbeit hin zu wirken: Sie können in Elterngesprächen, an Elternabenden oder Elternbriefen Informationen zu Auftrag, Rolle, Arbeitsweise und Erreichbarkeit ihrer sozialpädagogischen Kollegen weitergeben – selbstverständlich nur, wenn sie selbst über diese Informationen verfügen. Hier zeigt sich der Wert einer **aktiven Öffentlichkeitsarbeit** der

Schulsozialarbeit – beispielsweise mittels Infobroschüren, Kontaktkarten, Handzetteln oder Internetseiten.

Für ein **Mediationsgespräch** gibt es, neben der vorausgehenden Vorphase und der ihm nachfolgenden Umsetzungsphase, nach Besemer[90] **fünf typische Phasen**:

1. Einleitung
2. Sichtweise der einzelnen Konfliktparteien
3. Konflikterhellung/Vertiefung
4. Problemlösung/Entwurf von Lösungen
5. Übereinkunft

Im Folgenden werden die einzelnen Phasen anhand des Fallbeispiels verdeutlicht.

> Eine Woche später – in der Zwischenzeit sollten sich Mariano und die beiden Mädchen möglichst voneinander fern halten – findet das Mediationsgespräch im Büro der Schulsozialarbeit statt. Die drei Kinder und die Schulsozialarbeiterin sitzen in der Couchecke: Kim und Sophie sitzen auf der einen Couch, daneben Mariano auf der zweiten und Mareike Locher auf der anderen Tischseite gegenüber, so dass sich zwischen ihnen etwa ein gleichseitiges Dreieck bildet.
>
> Auf dem Tisch liegen Moderationskarten, Filzstifte, ein Modell eines Eisbergs aus Karton und ein Gummi-Knautschball bereit. Außerdem stehen eine kleine Vase mit bunten Frühlingsblumen, Gläser und ein Krug mit Wasser und ein Teller mit Keksen auf dem Couchtisch. An der Bürotür hängt das „Bitte nicht stören. Danke."-Schild und die verstellbaren Jalousien an der Glasfront zur Aula hin sind geschlossen. Im kurz zuvor gelüfteten Büro duftet es frisch.

Das **Schaffen einer angenehmen Gesprächsatmosphäre** ist in der Regel ebenso wichtig, wie die Inhalte selbst. Nur wenn das Setting so gewählt und gestaltet ist, dass sich die Gesprächspartner wohl fühlen können, können sie es auch. Hierbei sollte der Schulsozialarbeiter die Gestaltung des Raums und die Sitzordnung ebenso berücksichtigen, wie sein eigenes Verhalten. Je ruhiger, entspannter, offener und dabei sicherer die Fachkraft

[90] Besemer 1994

wirkt, desto eher kann sich das auch auf die anderen Beteiligten übertragen und eine angstfreie, kooperative und vertrauensvolle Stimmung schaffen.

> „Schön, dass ihr euch alle zu diesem Gespräch bereit erklärt habt.“, begrüßt die Sozialpädagogin die drei. „Zwischen euch ist im Moment eine ungute Situation, die euch alle drei belastet und die für euch mit jeder Menge unangenehmer Gefühle verbunden ist. Mit diesem Gespräch habt ihr die Chance, diesen Konflikt zu klären und zwar so, dass es euch allen drei nachher gut mit der Lösung geht.
>
> Meine Rolle in den nächsten eineinhalb Stunden ist die der Mediatorin. Das heißt übersetzt Vermittlerin. Ich werde versuchen zwischen euch – Kim und Sophie – und dir – Mariano – zu vermitteln und dazu beizutragen, dass ihr am Ende eine für euch passende Lösung findet. Ihr wisst, dass Mariano in jedem Fall mit einer Strafe von Herrn Randerbrug rechnen muss. Aber das ist jetzt hier nicht das Thema, das ist die Verantwortung eurer Lehrer. Ich will versuchen, dass du, Mariano, tatsächlich verstehen kannst, was dein Handeln bei Kim und Sophie ausgelöst hat. Und auch du sollst am Ende nach Möglichkeit das Gefühl haben, dass es dir besser geht als im Moment.“
>
> Nun fasst die Schulsozialarbeiterin kurz zusammen, was sich seit dem ersten Gespräch von Frau Jaeckel und Kim vor zwei Tagen alles ergeben hat. Dann erklärt sie den Ablauf des Gesprächs und ruft nochmals die grundlegenden Gesprächsregeln in Erinnerung, die die Kinder auch sehr gut aus ihrem Klassenrat kennen. Besonders betont sie, dass es wichtig ist, offen miteinander zu sprechen. Und dass es für die Offenheit wichtig ist, dass die Beteiligten die Dinge, die in der Mediation angesprochen werden, auch für sich behalten und nicht mit anderen Kindern und Jugendlichen darüber sprechen sollten. Und mit Lehrern oder Eltern nur, wenn alle einverstanden wären. „Habt ihr noch Fragen zum Ablauf? Seid ihr damit und mit den Regeln so einverstanden?“

Neben der bereits erläuterten Schaffung einer guten Atmosphäre ist es während der **Einleitung** wichtig, dass die Schulsozialarbeiterin als Mediatorin die Vorgeschichte und den eigenen Informationsstand für alle transparent macht. Sie erklärt den Ablauf des Mediationsgesprächs, die für alle geltenden Regeln und ihre eigene Rolle dabei. Auch mögliche Alternativen zu einer Konfliktbearbeitung durch die Mediation werden aufgezeigt. Offene Fragen werden geklärt und abschließend das Einverständnis der Beteiligten ausdrücklich abgefragt.

Als die drei Schüler bejahen, bittet Mareike Locher Kim, ihr zu erzählen, was sich zwischen ihr und Mariano in den letzten Wochen abgespielt hat und vor allem auch, wie sie sich dabei gefühlt hat. Die Fünftklässlerin erzählt, an die Schulsozialarbeiterin gerichtet, wie es ihr in den letzten Wochen gegangen ist, seit Mariano das erste Mal in einer Mittagspause zu ihr gekommen war und ihr gedroht hatte, er würde sie von oben bis unten mit Saft bespritzen, wenn sie ihm nicht sofort ein Stück Pizza im Schülercafé kaufen würde. Die Sozialpädagogin hört sehr aufmerksam zu, nickt von Zeit zu Zeit und fragt immer wieder mal kurz nach, wenn sie sich nicht sicher ist, Kim richtig verstanden zu haben. Auch Mariano und Sophie hören genau zu. Mariano will immer wieder mal etwas sagen, wird aber von Mareike Locher gebremst: „Du bist nachher dran, Mariano. Jetzt darf Kim ganz in Ruhe erzählen." Als das Mädchen fertig ist, scheint sie sichtlich erleichtert zu sein. Die Schulsozialarbeiterin fragt die anderen beiden, ob sie noch Verständnisfragen an Kim hätten. Dann erzählt Sophie, wie es ihr mit den fortlaufenden Beleidigungen Marianos und seinen Lügen über sie geht. „Das macht mich komplett fertig. Ich habe manchmal das Gefühl, dass ich überhaupt nichts wert bin!"

Nachdem die beiden Mädchen ihre Sichtweise und Gefühle dargestellt haben, wendet sich die Schulsozialarbeiterin Mariano zu: „Mariano, jetzt hast du gehört, wie die beiden dich und dein Verhalten in der letzten Zeit wahrgenommen haben und welche Gefühle es bei Kim und Sophie ausgelöst hat. Wie geht es dir damit? Was möchtest du dazu sagen?" Und dann fängt der Junge an zu reden. Es sprudelt förmlich aus ihm heraus. Er sagt, dass er das nicht gewollt habe, dass es Kim so schlecht geht. Er habe doch nur ein bisschen vor seinen Freunden angeben wollen, damit, dass „die Kleinen" ihn so toll finden und ihm sogar sein Mittagessen bezahlen würden. Und auch dass es immer wieder Sophie sei, die seine Späße abbekäme, läge nur daran, dass sie sich nicht wehren würde. Eigentlich fände er sie ganz okay. Auch ihm hört Mareike Locher konzentriert zu und stellt nur die ein oder andere kurze Frage. „Möchtest du erzählen, wie es dir gerade geht?" Und dann erzählt Mariano von seinen Problemen zu Hause und dass er manchmal nachts stundenlang weinend im Bett liegen würde. Sophie und Kim hören zu. So haben sie den immer so stark wirkenden Mariano noch nie erlebt.

Der Reihe nach kommen die **Sichtweisen jeder einzelnen Konfliktpartei** zur Sprache. In einem Mediationsgespräch mit einer Täter-Opfer-

Beziehung sollte zunächst das Opfer gehört werden. Zur Vermeidung von Unterbrechungen und eskalierenden Einwürfen achtet der Mediator darauf, dass die Konfliktbeteiligten zunächst gezielt ihm erzählen und die anderen sich auf das genaue Zuhören konzentrieren. Das lässt sich gut durch eine betont dem Sprechenden zugewandte Körperhaltung erreichen. Während sich so bei der erzählenden Person eine emotionale Entlastung einstellt, erfahren die zuhörenden Personen einiges Neues.

Neben den von den Beteiligten wahrgenommenen Fakten sollten vor allem die in der beschriebenen Situation **vorherrschenden Gefühle** zur Sprache kommen können. Wie bereits oben beschrieben, stehen dem Mediator hierzu einige erlernbare Techniken wie das aktive Zuhören oder das Spiegeln zur Verfügung.

> Die Schulsozialarbeiterin schlägt vor, die wichtigsten Gefühle und Interessen der drei in Stichworten auf die Moderationskarten zu schreiben und zwischen sie auf den Tisch zu legen. So haben sie alle nochmals vor Augen.
>
> Dann bittet sie darum, dass jeder seine Wünsche und Idealvorstellungen in Bezug auf die Beziehung der Mädchen zu Mariano auf weitere, andersfarbige Karten schreibt. Gemeinsam werden diese Karten dann nochmals intensiv besprochen: Was ist wem wichtig? Wie stellt sich wer das Verhältnis vor? Unter welchen Bedingungen würde es den Kindern gut gehen?
>
> Mehr und mehr sprechen die drei jetzt auch miteinander, wobei die Mediatorin auf die strikte Einhaltung der Gesprächsregeln achtet sowie darauf, dass jeder ausreichend zu Wort kommt.

Geht es in der **zweiten Phase** zunächst um die Entwicklung einer übereinstimmenden Antwort auf die Frage **„Was ist geschehen?“**, so steht in der folgenden **dritten Phase** des Gesprächs (Konflikterhellung) die Frage **„Was steckt dahinter?“** im Mittelpunkt. Was sind die Motive, Interessen, Beweggründe, Wünsche, Gefühle, Motive und Idealvorstellungen der Konfliktparteien? Je genauer die Antworten auf diese Fragen lauten, desto eher kann ein gegenseitiges Verständnis erreicht und „aus dem ‚unversöhnlichen Streit‘ […] ein ‚gemeinsames Problem‘“[91] werden.

Zur Verdeutlichung dessen eignet sich das Eisbergmodell hervorragend: Wie bei einem im Wasser treibenden Eisberg erkennt man zunächst nur

[91] Besemer 1994

die über der Wasserlinie liegenden, sichtbaren Teile. Das sind die Fakten, die gut zu beschreiben sind. Auch kann man hier, beispielsweise mit einem echten gebastelten Kartonmodell eines Eisbergs, schön verdeutlichen, dass zwar jeder der Beteiligten denselben Eisberg sieht, aber nicht zwingend und sofort genau dieselben Eigenschaften wahrnimmt. Jeder hat – zunächst – seine eigene Wahrheit. Diese gilt es dann abzugleichen und sich auf eine gemeinsame Deutung zu einigen.

„Und nun würde ich gerne gemeinsam mit euch überlegen, wie ihr diese Wünsche Wirklichkeit werden lassen könnt. Was braucht ihr dazu, dass es zwischen euch so wird, wie ihr es euch vorstellt?" In einem Brainstorming sammeln die drei Ideen und schreiben sie in Stichworten auf ein großes Plakat, das Mareike Locher an die Wand gehängt hat: Wiedergutmachung, Respekt, Hilfe von Schulsozialarbeit, Abstand, Freundschaft, keine Beleidigungen, Geld zurück, Strafe, Verständnis, Thema im Klassenrat ... Dann betrachten die drei miteinander die einzelnen Begriffe, erläutern sich diese gegenseitig und überlegen, welche Ideen sie umsetzen wollen. Besonders die Punkte Wiedergutmachung und Besprechen des Themas „Erpressung" im Klassenrat sind den Mädchen sehr wichtig. Mariano bietet an, dass er Kim das Geld für die Pizza wieder zurückzahlen wird und für sie beide, Sophie und Kim, bei ihm zuhause eine „echte" italienische Pizza backen wird. Nur im Klassenrat möchte er nicht über die Sache sprechen. „Vielleicht könntet ihr mit euren Klassenkameraden ganz allgemein über das Thema Erpressung sprechen und vor allem darüber, was die Opfer tun können, wenn sie bedroht werden? Das könntet ihr ja auch gemeinsam vorbereiten, oder? Wenn ihr mögt, kann ich euch auch dabei unterstützen", so die Schulsozialarbeiterin.

In der **Phase der Problemlösung** geht es darum, zunächst Ideen für mögliche Problemlösungen zu sammeln, daraus die Erfolgversprechendsten auszuwählen und eine von allen Beteiligten akzeptierte Lösungsstrategie zu entwickeln. Diese ist zukunfts- und ressourcenorientiert und sollte realistisch sein.

Mareike Locher holt für den letzten Schritt ihr Notebook an den Tisch und zeigt den drei Kindern einen Entwurf für eine Vereinbarung zum künftigen Umgang miteinander. Gemeinsam mit den Kindern ergänzt sie deren Lösungsvorschläge und lässt sie ihre Übereinkunft selbst formulieren. Ein wichtiger Punkt ist, dass sie sich in vier Wochen nochmals treffen wollen, um zu prüfen, ob alles wie vereinbart funktioniert. Alle Beteiligten erhalten sogleich ein ausgedrucktes Exemplar.

Ein Mediationsgespräch endet in der **fünften Phase** mit der **schriftlichen Fixierung der erzielten Übereinkunft** und möglichst der Vereinbarung eines konkreten Termins für ein Nachfolgetreffen. Miteinander sollte dann eine Beurteilung vorgenommen werden, ob die verabredeten Schritte gegangen wurden und ob unter Umständen nachverhandelt werden sollte.

Mit den Schülern hatte die Schulsozialarbeiterin vereinbart, dass sie die beiden Lehrer Doris Jaeckel und Stefan Randerbrug über das Ergebnis, nicht jedoch den Verlauf des Gesprächs informieren dürfe. Das tut sie am folgenden Tag während der TeamZeit genannten Besprechungszeit des Lehrerkollegiums.

Miteinander legen die drei Pädagogen einen Termin für eine gemeinsame Klassenratssitzung der Klassen 5 und 7 fest, in der sie mit den Schülern über den Umgang mit Bedrohungen, Beleidigungen und Erpressungen sprechen wollen. Die Schulsozialarbeiterin, welche die Moderation des Klassenrats übernehmen wird, wird einen filmischen Impuls vorbereiten und sich vorab mit den vier Klassensprechern über den Ablauf und den methodischen Aufbau der 45-minütigen Sitzung beraten.

Neben der individuellen Bearbeitung von Konflikten ist es gerade in der Schule besonders bedeutsam, auch die jeweiligen Gruppen oder sogar das Gesamtsystem Schule zu berücksichtigen. Jeder Einzelfall wirkt über den Kreis der unmittelbar Betroffenen hinaus, da auch die anderen Kinder und Jugendlichen, sowie viele Erwachsene mitbekommen, wenn auch nicht im Detail, was passiert ist und vor allem wie damit umgegangen wird.

Alle Elemente des sozialen Systems lernen dabei: entweder, wie der konstruktive Umgang mit Konflikten zu einer Verbesserung der Situation führt – oder aber, wie durch das ungünstige Bearbeiten oder gar das Ignorieren eine Verschlechterung für den Einzelnen und letztlich die soziale Gruppe bewirkt wird.

3.1.4 Einzelberatung und Coaching zu Berufsorientierung und Lebensplanung

„Was soll ich nur mal werden?“ Diese Frage stellen sich viele Jugendliche, wenn es in der zweiten Hälfte der Sekundarschulzeit auf den anstehenden Übergang von der Schule in eine Berufsausbildung oder auf eine weiterführende Schule zugeht. Gerade in den Hauptschulen sind die Jugendlichen noch recht jung und zudem mitten in der Pubertät, wenn sie eine Antwort hierauf finden sollen. Viele fühlen sich überfordert und hilflos.

Die Schulsozialarbeit macht an vielen Schulen **besondere Beratungsangebote zu den Themen Berufsorientierung und Lebensplanung**. Für die sozialpädagogischen Fachkräfte an beruflichen Schulen stellt dies gar einen Schwerpunkt ihrer Arbeit dar.

Die 16-jährige Fabiana besucht die zweijährige Berufsfachschule für Gesundheit und Pflege. Eigentlich war die Anmeldung in dem beruflichen Schulzentrum im Nachbarort eine Notlösung für sie gewesen. Wirklich gerne geht sie nämlich nicht zur Schule und besonders gut sind ihre Noten auch nicht. Sie hatte nur keinerlei Idee gehabt, welchen Beruf sie stattdessen nach ihrer Hauptschulzeit lernen sollte. Doch jetzt ist ihr erstes von zwei Schuljahren auf dem Weg zum Mittleren Bildungsabschluss schon fast vorbei und sie hat immer noch keine bessere Antwort. Auf dem Weg zum naturwissenschaftlichen Fachraum fällt ihr eines Tages ein Plakat der Schulsozialarbeit auf. „YES, YOU CAN ...!“ steht in großen, grellen Buchstaben darauf. Und etwas kleiner darunter: „Du weißt, dass du was kannst, aber nur noch nicht was? Dann geh mal meditieren – oder komm zur Schulsozialarbeit!“ Und letzteres macht Fabiana dann auch.

Schulsozialarbeiter Thomas Seel kennt die Jugendliche schon aus ihrer Einführungswoche. Da hatte er mit ihrer ganzen Klasse einen Tag im Hochseilgarten verbracht. Das war ziemlich gut gewesen. Und jetzt sitzt ihr der Sozialpädagoge, der seit 13 Jahren an der Schule arbeitet, in seinem gemütlichen Büro neben der Mensa des Schulzentrums gegenüber. Wie auf dem kleinen Flyer, den sie bei der Terminvereinbarung vor einer Woche von ihm bekommen hatte, geschrieben war, hat Fabiana ihre Zeugnismappe, ihren Qualipass[92] mit einigen Praktikumsbestätigungen

[92] Beim Qualipass handelt es sich um eine vom Ministerium für Kultus, Jugend und Sport Baden-Württemberg und der Freudenberg-Stiftung in Weinheim entwickelte Dokumentenmappe, „die von Jugendlichen und jungen Erwachsenen genutzt und auch während des

und den ausgefüllten Selbsteinschätzungsbogen dabei, den sie sich zuhause von der Website der Schulsozialarbeit heruntergeladen hatte.

Dieser dient für dieses erste 45-minütige Gespräch zwischen dem Schulsozialarbeiter und der Jugendlichen als Leitfaden. Es geht um Fragen wie: Wo siehst du deine Stärken? Was hast du bisher zum Thema Berufsorientierung unternommen? Mit wem hast du dich beraten? Wie stellst du dir dein Leben in zehn Jahren vor? Welche Schritte möchtest du als nächstes gehen? Wobei möchtest du unterstützt werden?

Am Ende des Gesprächs sehen beide etwas klarer über die derzeitige Situation Fabianas: Sie kann sich grundsätzlich gut vorstellen, irgendeinen Beruf im Gesundheitsbereich zu lernen, hat aber noch nicht den passenden gefunden. Außerdem möchte sie auch mal eine Familie gründen und Kinder haben, da braucht sie doch vielleicht gar keinen Beruf. Außer einem Gespräch bei der Berufsberaterin hat sie noch keine Unterstützung in Anspruch genommen, ihre Eltern können ihr auch nicht weiterhelfen.

Thomas Seel schlägt vor, dass sie sich in den kommenden Wochen regelmäßig treffen. Fabiana findet das gut. Bis zum nächsten Gespräch soll sie eine „Hausaufgabe" machen: Sie soll sich in der Broschüre beruf aktuell der Agentur für Arbeit die Berufe mit Bezug zu den Themen Pflege und Gesundheit heraussuchen und für den, der sie am meisten anspricht, eine kurze PowerPoint-Präsentation nach der Vortragstechnik Pecha Kucha[93] mit zwanzig passenden Bildern vorbereiten. Sie ist einverstanden, bedankt sich und geht motiviert in den Unterricht zurück.

Das Spektrum der Themen in der Beratung reicht von dem Wunsch nach Durchsicht und Korrektur der Bewerbungsmappe oder Fragen zu anstehenden Vorstellungsgesprächen und Auswahltests über die bislang erfolglose Suche nach einem Ausbildungsplatz oder Praktikumsmöglichkeiten bis hin zu völliger Orientierungslosigkeit der jungen Menschen. Diese ist häufig verbunden mit weiteren psycho-sozialen Problemen und Fragestellungen, mit denen sich der Jugendliche gerade beschäftigt.

---

späteren Berufslebens als Dokumentation für die erworbenen Qualifikationen eingesetzt wird. Er dokumentiert Praxiserfahrungen und Kompetenzgewinne, die Jugendliche durch Praktika, Vereinsmitarbeit, Schülerinitiativen, Kurse, Auslandsaufenthalte, Nachbarschaftshilfe oder vergleichbare Tätigkeiten erworben haben." (www.qualipass.info)

[93] Informationen zu dieser kreativen und relativ neuartigen Präsentationstechnik gibt es beispielsweise im Internet unter http://de.wikipedia.org/wiki/Pecha_Kucha oder www.pecha-kucha.org

Die Schulsozialarbeiter nehmen **in den ersten Gesprächen** eine **Clearingfunktion** wahr: Worum geht es? Wo steht der einzelne Jugendliche? Was braucht er? Und welchen Auftrag erteilt er der Schulsozialarbeit? Entsprechend werden dann die weiteren Kontakte geplant. Das wichtigste Ziel für die sozialpädagogischen Fachkräfte ist es, die jungen Menschen zu befähigen, ihre Anliegen weitestgehend selbst wahr zu nehmen und ihren Weg in die Zukunft selbst zu gestalten.

Wenn es um Berufsorientierung und Lebensplanung geht, ist es besonders wichtig, dass die Schulsozialarbeit über ein dichtes und gut funktionierendes Netzwerk von Kooperationspartnern verfügt.

Typische **Partnerorganisationen und Personen im Netzwerk** können sein

- Agentur für Arbeit, insbesondere die Berufsberater
- Industrie- und Handelskammer
- Handwerkskammer
- Unternehmen und andere Ausbildungseinrichtungen
- Öffentliche und private Bildungsträger
- Fachkräfte des regionalen/lokalen Übergangsmanagements
- Jugendamt mit seinen Fachdiensten (ASD, Jugendgerichtshilfe …)
- spezialisierte Beratungsdienste (Suchthilfezentren, Psychologische Beratungsstellen …)
- spezialisierte Träger der Jugendberufshilfe
- Schulsozialarbeiter anderer beruflicher Schulen

3.1.5 Beratung von Personensorgeberechtigten und anderen erwachsenen Bezugspersonen

Die Beratungsangebote für Eltern, andere Personensorgeberechtigte und wichtige Bezugspersonen für Kinder und Jugendliche unterscheidet sich methodisch nicht grundlegend von der Arbeit mit Kindern und Jugendlichen. Unterschiede gibt es aber hinsichtlich der Themen sowie der Zugänge.

Eltern können sich grundsätzlich mit allen Fragen rund um die Themen Bildung, Erziehung und Betreuung an die Schulsozialarbeit wenden. Die sozialpädagogische Fachkraft wird sich in einem ersten Kontaktgespräch

(„**Clearing**“) ein Bild davon machen, worum es geht und welches Anliegen die Nutzer haben. Dann erfolgt die fachliche Einschätzung, ob die Schulsozialarbeit die richtige Anlaufstelle ist und den Beratungsauftrag selbst annimmt oder ob gegebenenfalls andere Dienste und Einrichtungen Sozialer Arbeit eine bessere Unterstützung bieten. In der Praxis wenden sich Eltern, Großeltern, andere Verwandte, Nachbarn, Vereinstrainer, Freunde und andere Erwachsene mit den unterschiedlichsten Anliegen an die Schulsozialarbeit: Eheprobleme, Fragen zur möglichen Schullaufbahn ihres Kindes, finanzielle Probleme, Sorgerechtsfragen, Konflikte mit Lehrern, Suchtprobleme der Kinder oder innerfamiliäre Spannungen sind Beispiele für Themen, mit denen die Schulsozialarbeiter konfrontiert werden.

Bei dieser Vielfalt ist die Gefahr gegeben, dass sich sozialpädagogische Fachkräfte für allzuständig halten und auch Aufträge annehmen, für die sie keine kompetenten Ansprechpartner sind. Ein professioneller Schulsozialarbeiter aber denkt systemisch und ist daher davon überzeugt, dass auch Probleme, die auf den ersten Blick nichts direkt mit den Kindern oder Jugendlichen zu tun haben, massive Auswirkungen auf diese haben können. Im Sinne einer **konsequenten Lebensweltorientierung** handelt er daher durchaus fachlich richtig, wenn er die Betreffenden zunächst anhört, das Gehörte sortiert und für sich bewertet, um dann an die „zuständigen“ Kooperationspartner weiterzuvermitteln.

Hinsichtlich der Zugangswege zur Schulsozialarbeit unterscheidet sich die Beratung für Eltern dadurch, dass die Schulsozialarbeiter vielen aus Elternabenden oder anderen offenen Veranstaltungen zwar bekannt sind, dass die Erwachsenen aber darüber hinaus – im Unterschied zu ihren Kindern – nicht so ohne Weiteres den Weg zur Schulsozialarbeit finden. Um auch für die Eltern möglichst niedrigschwellig erreichbar zu sein, empfehlen sich beispielsweise folgende „**Wegbereiter**“:

- Infoflyer (besonders in ungewöhnlichem Format und Gestaltung), die an Elternabenden oder durch die Lehrer flächendeckend verteilt werden und die eine Kurzdarstellung der Angebote und die vollständigen Kontaktdaten beinhalten,
- eine eindeutige Kennzeichnung der eigenen Räume und das Anbringen von „Wegweisern zur Schulsozialarbeit“ im Schulgebäude,
- der Versand regelmäßiger E-Mail-Newsletter an interessierte Eltern,
- das Bereitstellen umfassender und aktueller Informationen zur Schulsozialarbeit auf einer eigenen oder der Schul-Website,

- das Angebot spezieller „Eltern-Kontaktzeiten" früh morgens oder (spät) abends sowie natürlich
- möglichst häufige persönliche Kontakte zu einer Vielzahl von Eltern.[94]

3.1.6 Kollegiale Beratung mit Lehrkräften und außerschulischen Fachleuten

Wie in den Fallbeispielen bereits deutlich wurde, ist die kollegiale Beratung mit Lehrern, der Schulleitung und anderen Professionen innerhalb des Systems Schule (beispielsweise Schulpsychologen) sowie der **kontinuierliche fallunabhängige und fallbezogene Kontakt zu außerschulischen Fachleuten** ein wichtiger Faktor für das Gelingen sozialpädagogischer Beratung und Einzelhilfe in der Schulsozialarbeit.

Bei der Schulsozialarbeit handelt es sich um ein sehr komplexes Handlungsfeld Sozialer Arbeit, in dem täglich eine Vielzahl an Themen, Problem- und Fragestellungen auftauchen. Anders als in weitestgehend spezialisierten Handlungsfeldern, wie beispielsweise der Suchthilfe, dem Krankenhaussozialdienst, der Jugendgerichtshilfe oder der Schuldnerberatung müssen die Schulsozialarbeiter fachlich sehr breit aufgestellt sein und den Zielgruppen als Generalisten zur Verfügung stehen. Daher ist es immer wieder angezeigt, bereits in den Phasen von Anamnese und Diagnose weitere Experten mit einzubeziehen beziehungsweise zur weiteren Beratung an diese zu vermitteln.

3.1.7 Supervision und Coaching

Nach Galuske gehört die Supervision zu den indirekt interventionsbezogenen Methoden, deren Zielgruppe nicht die Klienten Sozialer Arbeit, sondern die Professionellen selbst sind. „Mit Supervision wird die Hoffnung verbunden, dass der Sozialarbeiter, indem er in einem geschützten und methodisch strukturierten Rahmen unter fachkundiger Anleitung über seine Arbeit reflektiert, seine berufliche Kompetenz erweitern kann und zugleich vor den Belastungen psychosozialer Arbeit durch Helfersyndrom, Burnout u. a. geschützt wird."[95]

---

[94] vgl. 3.3.3

[95] Galuske 2011, S. 338

Gerade die oben beschriebene Vielschichtigkeit in der Praxis von Schulsozialarbeit und die dadurch entstehenden Belastungen legen nahe, dass es für jede sozialpädagogische Fachkraft in diesem Handlungsfeld sinnvoll und notwendig ist, sich regelmäßig mittels Supervision mit dem eigenen professionellen Handeln reflektierend auseinanderzusetzen. Entsprechend formulieren nahezu alle Träger von Schulsozialarbeit bereits in Stellenausschreibungen zur Schulsozialarbeit explizit das Angebot von Supervision für die Fachkräfte.

Neben der Beratungskompetenz scheint es gerade für die Schulsozialarbeit wichtig zu sein, dass der Supervisor über ausreichend Feldkompetenz, d.h. theoretisches und erfahrungsbasiertes Wissen in der Schulsozialarbeit verfügt.[96] Zweitrangig und in erster Linie abhängig von Ressourcen und eigenen Vorlieben ist die Wahl des Settings.

3.2 Sozialpädagogische Gruppenarbeit, Projekte und Arbeit mit Schulklassen

Dieses Kernaufgabenfeld umfasst alle Angebote der Schulsozialarbeit, die sich an Gruppen von mehreren Personen richten: ganze Klassen, geschlechtshomogene Gruppen, Schülerrat/Schülermitverantwortung, thematische oder anlassbezogene Arbeitsgemeinschaften und Projektgruppen. Die meisten der Angebote in diesem Aufgabenfeld haben eine explizit präventive Ausrichtung. Sie dienen dazu, in der direkten Arbeit mit den Kindern und Jugendlichen dazu beizutragen, dass bestimmte Problemlagen gar nicht erst entstehen. Im Fokus steht hierbei der Einzelne innerhalb der Gruppe.

Zu den Themen, die – entsprechende Ressourcen vorausgesetzt – bei nahezu allen Schulsozialarbeitern in irgendeiner Form in den Konzepten zu finden sind, zählen

- Programme zum sozialen Lernen/Training sozialer Kompetenz,
- Angebote zu Gewaltprävention,
- Suchtprophylaxe und
- Medienkompetenz,
- Berufsorientierung und Lebensplanung sowie

[96] Viele Supervisoren weisen dies mittlerweile explizit aus, siehe beispielsweise auf der Website der Deutschen Gesellschaft für Supervision (www.dgsv.de). Manche Fachverbände wie das Netzwerk Schulsozialarbeit Baden-Württemberg führen entsprechende Listen für ihre Mitglieder.

- Demokratieerziehung.

Häufig handelt es sich bei Angeboten der Sozialpädagogischen Gruppenarbeit, Projekten und Arbeit mit Schulklassen um fest in den Schulcurricula verankerte und damit kontinuierlich angebotene Elemente sozialpädagogischer Arbeit. Sie werden in der Regel gemeinsam mit Lehrern verantwortet und gemeinschaftlich durchgeführt.

Noch im Jahr 2001 konstatierte Drilling in seinem Ausblick zur Entwicklung der Schulsozialarbeit, dass zwar „für die Einzelfallhilfe fundierte Handlungskonzepte zur Verfügung stehen. Dagegen fehlen präventive und interventive Handlungskonzepte, die auf die Arbeit mit der Gleichaltrigengruppe auch aus geschlechtsspezifischer Sicht abzielen.“ [97] Doch gerade hier hat sich in den letzten zehn Jahren vieles getan. In der Praxis und aus ihr heraus haben sich vielfältige methodische Ansätze und Handlungskonzepte entwickelt, von denen im Folgenden nur eine kleine Auswahl aufgezeigt werden soll.

3.2.1 Training sozialer Kompetenz/ Unterstützung des sozialen Lernens

Die Entwicklung sozialer Kompetenzen von Kindern und Jugendlichen ist in den letzten Jahren verstärkt als ausdrückliches Ziel in die Bildungspläne für die Schulen in Deutschland aufgenommen worden. [98]

Beispiel Baden-Württemberg: „Der Bildungsplan fördert Sachbildung. Sein grundlegendes Interesse gilt jedoch der Förderung von Identitätsbildung. Es geht um soziale und politische Bildung sowie besonders um persönliche Bildung. Im Blickpunkt steht beispielsweise die Entwicklung von Ich-Stärke, Durchhaltevermögen, Selbstwertgefühl, Empathie, Humor, Zivilcourage sowie von religiösen und ethischen Werten.“[99] Wer sein Leben erfolgreich meistern will, braucht die Fähigkeit, mit Konflikten konstruktiv umzugehen und sich in eine soziale Gemeinschaft integrieren zu können genauso, wie Mathe, Deutsch und Englisch.

Zwar sind die schulischen Bildungspläne nicht als Grundlage für die Arbeit der Schulsozialarbeit zu verstehen, geschweige denn dass sie bindend wären. Dennoch wurde durch die verstärkte Fokussierung sozialen Ler-

---

[97] Drilling 2001, S. 144

[98] Einen Überblick über die Bildungspläne in Deutschland findet sich im Internet unter http://www.bildungsserver.de/Bildungsplaene-der-Bundeslaender-fuer-allgemeinbildende-Schulen-400.html

[99] Ministerium für Kultus 2010, S. 8

nens in der Schulpädagogik auch für die Sozialpädagogen an den Schulen das gezielte Training sozialer Kompetenz zu einem zentralen Handlungskonzept in der Sozialpädagogischen Gruppenarbeit und der Arbeit mit Schulklassen.

Zur Förderung sozialer Kompetenzen findet sich mittlerweile Einiges an Literatur auf dem Markt. Einzelne Programme beziehungsweise Trainingsmanuale haben sich als besonders wirksam herausgestellt und werden häufig eingesetzt. Beispiele sind:[100]

- Sozialtraining in der Schule (nach Petermann)
- PAGS – Unterrichtsmaterialien zur Prävention von Aggression und Gewalt an Schulen
- Präventionsprogramm für soziales Lernen in der Schule (nach Lerchenmüller)
- Gewaltpräventionsprogramm nach Olweus
- Faustlos – Ein Programm des Heidelberger Präventionszentrums
- Konzept „Erziehende Schule"
- Civic Education
- Lions-Quest International Programm „Erwachsen werden – Persönlichkeitsentfaltung von Jugendlichen"
- Kompetenztraining „FIT FOR LIFE"
- Fit und stark fürs Leben
- Gewaltfreier Umgang mit Konflikten/Streitschlichtung für jüngere Schülerinnen und Schüler
- Konflikte gewaltfrei lösen. Medien- und Alltagsgewalt: Ein Trainingsprogramm für die Sekundarstufe I. (nach Kleber)
- Konflikt-KULTUR (AGJ-Fachverband)

Ein Nachteil vorgefertigter Konzepte ist neben teils hohen Literatur-, Lizenz- und Materialkosten eine begrenzte Flexibilität und die Gefahr, dass diese eher „technisch" im Sinne einer Gebrauchsanweisung angewendet werden.

Doch zeichnet sich professionelle Schulsozialarbeit gerade dadurch aus, dass sie flexibel und kreativ auf unterschiedliche Bedürfnisse, Bedarfe und Bedingungen einzelner Klassen und deren Individuen reagieren kann. Als

[100] Vgl. hierzu auch LISUM 2006

Grundlage und „Baukasten“ sind die Programme jedoch durchaus hilfreich.

Gemeinsam haben sowohl die vorgedachten Programme als auch individuelle Lösungen, dass sie für Schulsozialarbeiter konkrete Übungen und Trainingsansätze darstellen, mit Hilfe derer sie sich dem eher abstrakten Themenkomplex „soziale Kompetenz“ praktisch annähern können. Eine Grundvoraussetzung um diese gezielt fördern zu können (soweit das überhaupt möglich ist), ist die **Verständigung darauf, was unter sozialer Kompetenz verstanden wird**. In dem von Volker Heyse und John Erpenbeck entwickelten KompetenzAtlas für Jugendliche sind 16 einzelne Teilkompetenzen beschrieben, die zur Kompetenzgruppe Sozialkommunikative Kompetenz zusammengefasst werden: [101]

- Konfliktlösung,
- Integrationsfähigkeit,
- Teamfähigkeit,
- Dialogfähigkeit,
- Werbetalent,
- Problemlösungsfähigkeit,
- Experimentierfreude,
- Beratungsfähigkeit,
- Beziehungsgestaltung,
- Zusammenarbeit,
- Kommunikationsfähigkeit,
- Anpassungsfähigkeit,
- Verständnisbereitschaft,
- Sprachgewandtheit,
- Pflichtgefühl und
- Gewissenhaftigkeit.

Wenn wir davon ausgehen, dass Kompetenzen Handlungsfähigkeiten sind, um offene Problemsituationen selbst organisiert und kreativ zu bewältigen, dann sollten Schulsozialarbeiter in einem Sozialkompetenztraining schauen, dass sie in diesem möglichst viele derartige Situationen initiieren. Kompetenzen können nicht wie Faktenwissen gelehrt werden, sondern

[101] vgl. Heyse/Erpenbeck 2009, S. XV

können nur von jedem Einzelnen selbst entwickelt werden – wenn er den entsprechenden Rahmen dafür hat. Nach Heyse/Erpenbeck liegt „der Schlüssel zur Kompetenzentwicklung [...] in deutlich emotions- und motivationsaktivierenden Lernprozessen.“[102]

> Bei einem Elternabend der Klasse 5b im November zeigt Schulsozialarbeiterin Susanne Fuchs zusammen mit den beiden Klassensprechern Eileen und Felix Bilder der dreitägigen KennenLernTour, welche die Klasse kurz zuvor unternommen hatte. Alle Eltern sind gekommen, um sich über den Abschluss des ersten Bausteins des Trainings sozialer Kompetenz zu informieren. Die 23 Schüler, ihr Klassenlehrer Manfred Jehle und die Schulsozialarbeiterin hatten den Aufenthalt in einem Gruppenhaus des CVJM auf der Schwäbischen Alb seit Beginn des Schuljahres geplant.
>
> Neben der Auswahl der Unterkunft, der Organisation von Hin- und Rückfahrt, der Planung und der Einkäufe der Mahlzeiten sowie den Vorbereitungen für das Programm kümmerten sich die Mädchen und Jungen auch um die Finanzierung. Und das weitestgehend selbst. Die Erwachsenen gaben Beispiele und standen beratend zur Verfügung.
>
> Trotz einiger Konflikte und mancher Heimwehtränen – einige waren das erste Mal ohne Eltern unterwegs – sind sich alle Kinder einig: „Das waren drei super Tage!“

In der fünften Klasse kommen Kinder aus unterschiedlichen Grundschulklassen zusammen. Neben der ersten Orientierung in einer neuen Schulart und den häufig damit verbundenen Unsicherheiten geht es für sie vor allen Dingen darum, möglichst bald zu einer neuen Klassengemeinschaft zusammen zu wachsen.

Dort, wo Schulsozialarbeit personell entsprechend ausgestattet ist und somit ausreichend Ressourcen für die sozialpädagogische Arbeit mit Schulklassen vorhanden sind, sind die sozialpädagogischen Fachkräfte meist wichtige Begleiter dieses schulischen Neubeginns. Sie entwickeln passgenaue Handlungskonzepte für Soziales Lernen und setzen diese gemeinsam mit Lehrern in Trainings sozialer Kompetenz um.

Das hier näher beschriebene Fallbeispiel besteht aus drei Bausteinen/Trainingsphasen:

---

[102] Heyse/Erpenbeck 2009, S. XXII

- **Kennenlernen**, Regelfindung und gemeinsames Vorbereiten und Erleben der KennenLernTour
- **Intensives Erarbeiten** der Teilbereiche sozialer Kompetenz und Durchführung systematischer Trainingseinheiten
- **Anwendung** der entwickelten Kompetenzen

Der erste Baustein startet mit Beginn des fünften Schuljahres und dauert etwa acht Wochen. Nach den Weihnachtsferien beginnt für die Schüler der zweite Baustein, welcher etwa bis Ostern (zehn Wochen) dauert. Neben der Reflexion und bewussten Anwendung des Gelernten im Unterrichtsalltag finden im zweiten Schulhalbjahr der Klassenstufe fünf regelmäßig einzelne Trainingseinheiten statt, in denen die entwickelten Kompetenzen zur Anwendung kommen.

> Zunächst sieht es für die Mädchen und Jungen der Klasse 5b kinderleicht aus: Schulsozialarbeiterin Susanne Fuchs teilt die Klasse zu Beginn der heutigen Tr ainingseinheit zum Thema Kommunikation in vier Gruppen mit jeweils 6 Schülern ein und gibt jeder Gruppe ein Aufgabenblatt:
>
> „Baut eine Brücke über den etwa zwei Meter breiten Bach an der Schule. Jeder von euch soll die Brücke trocken überqueren können. Verwendet nur folgendes Material: 15 Meter Seil, zwei Holzbalken von jeweils 1,5 Meter Länge, ein Handbohrer und drei lange Schrauben. Beachtet in eurer Gruppe beim Bau, dass nur die beiden Jüngsten die Holzbalken berühren dürfen, Löcher nur von Mädchen gebohrt werden und Schrauben nur von Jungen berührt werden dürfen. Zwei Personen tragen während des Bauens Augenbinden (‚sind blind‘) und zwei dürfen nicht sprechen (‚sind stumm‘). Ihr habt 60 Minuten Zeit. Viel Erfolg!“

Die Frage, wie Menschen miteinander kommunizieren und welche konkrete Bedeutung **gelingende Kommunikation** für die Kinder und Jugendlichen einer Klasse hat, ist zentral, wenn es um die Förderung sozialer Kompetenz geht. Abhängig von den jeweiligen Gegebenheiten wählen Schulsozialarbeiter unterschiedliche methodische Ansätze, um das Thema mit den Schülern zu bearbeiten.

Sehr gut geeignet und daher recht häufig zu finden sind **Interaktionsübungen und erlebnispädagogisch orientierte Aufgaben**.[103] Die Ju-

[103] Galuske 2011, S. 251 ff. nennt die Erlebnispädagogik als eine eigene Methode der Sozialen Arbeit.

gendlichen werden hierbei allein, in kleinen Gruppen oder als Klasse mit einer für sie neuen Herausforderung konfrontiert. Die Trainer geben einen eindeutigen Rahmen vor und es gelten zuvor klar definierte Regeln. Nun gilt es, dass sie sich intensiv mit der Aufgabe auseinandersetzen und eine Bearbeitungs- und Lösungsstrategie entwickeln. Dabei kommt es weniger auf das Ergebnis an als auf den Prozess.

Voller Begeisterung legen die Kinder los. Nur Julian und Dominik haben sichtlich keine Lust und setzen sich mit grimmigem Gesicht auf das Sofa in der Ecke. Das ärgert die anderen vier in ihrer Gruppe. Während Anne versucht, die beiden zu überzeugen, dass es ohne sie nicht geht, schimpft Peter: „Das ist doch immer dasselbe mit den beiden! Lass sie doch, die Penner!“ Er schnappt sich das Baumaterial und will los ziehen. Susanne Fuchs, die das Ganze zunächst nur beobachtet hat, kommt dazu: „Ich habe den Eindruck, dass ihr einen Konflikt in eurem Team habt. Ist das so?“ „Nein, warum denn?“, sagt Julian. „Mir fällt auf, dass ihr, Dominik und du, euch gleich auf das Sofa gesetzt habt. Anne und Peter scheinen damit nicht einverstanden zu sein.“ „Ja, genau! Die beiden lassen immer uns die Arbeit machen. Immer wenn sie nicht genau das kriegen was sie wollen.“ Schulsozialarbeiterin: „Was denkst du denn, was sie wollen?“ „Julian und Dominik wollen beide nicht die Augenbinden nehmen.“ „Nö, will ich nicht. Ich bin doch nicht dumm! Dann laufe ich noch gegen einen Baum oder so. Oder der Peter stellt mir ein Bein.“ „Du sorgst dich also, dass du dir mit verbundenen Augen wehtun könntest?“ „Ja.“ Schulsozialarbeiterin: „Das kann ich gut verstehen. Wie wäre es denn dann, wenn Julian und Dominik jeweils einen ‚Beschützer‘ bekommen?“ Anne: „Ich passe auf dich auf, Julian.“ Marco: „Au ja!“ Er geht zu Dominik, zieht in hoch und nimmt in freundschaftlich in die Arme. „Und ich bin Dominiks Schutzengel!“

Kinder und Jugendliche lassen sich im Allgemeinen schnell auf derartige Aufgaben ein. Man kann die Aufgabe („Brückenbau“) in eine spannende, lustige und abenteuerliche Geschichte („Expedition durch das Amazonasgebiet“) einbauen. So können sich die Mädchen und Jungen das Ganze besser vorstellen, sehen einen Sinnzusammenhang und gehen mit großer Ernsthaftigkeit daran, das Problem zu lösen, vor das sie gestellt wurden. Gerade aufgrund der Echtheit der Situation sind auch die Gefühle bei den Beteiligten „echt“. Und so kann es durchaus sein, dass es zu heftigen Konflikten kommt und die Beziehungen, die die Teilnehmer untereinander haben, schnell offen gelegt werden.

Hier sind dann die Erwachsenen, Schulsozialarbeiter und Lehrer als pädagogische Fachkräfte gefordert. Sie bieten sich den Kindern und Jugendlichen an, ohne sich aufzudrängen: vermittelnd, schützend, fragend, anregend, spiegelnd, provozierend … Hierbei machen sie immer wieder deutlich, in welcher Rolle sie gerade sprechen: als Spielleiter, als Mediator, als Regelsetzer, als Berater, als Sicherheitsverantwortlicher …

Die Kinder und Jugendlichen **lernen durch das eigene Erleben**. Die gemachten Erfolgs- und Misserfolgs-Erfahrungen, die Gefühle in der konkreten Situation und die Rückmeldungen der Erwachsenen werden internalisiert und dienen als Matrix in wiederkehrenden ähnlichen Situationen.

„Komm, gib mir deine Hand, ich halte dich!“, sagt Marco und streckt sich über das Ufer hinaus Julian entgegen. Dieser kann aufgrund der Augenbinde nichts sehen, hat dafür aber in der letzten Stunde seinen Hör- und Tastsinn enorm geschärft. Unglaublich für ihn selbst, dass er auch ohne zu sehen so Vieles um ihn herum genau wahrnehmen kann. Langsam tastet er sich zentimeterweise über den Holzbalken voran. Seine rechte Hand hält das auf Kopfhöhe gespannte Kletterseil, die Linke tastet in Marcos Richtung. Am Ufer warten die Mitglieder seines Brücken-Teams, die anderen Mitschüler seiner Klasse, sein Klassenlehrer und Schulsozialarbeiterin Susanne Fuchs auf ihn. Als Julian den letzten Schritt ans Bachufer setzt und damit alle erfolgreich die Aufgabe erfüllt haben, ist der Jubel groß. Die Schüler hüpfen, lachen, klatschen und fallen sich in die Arme. Auf einen Schlag ist die Anspannung weg. „Wir haben es geschafft!“

Je häufiger Kinder und Jugendliche in der Gemeinschaft dieses Gefühl des Stolzes, der Zufriedenheit, der Erleichterung und der Freude erleben, desto größer wird ihr Selbstvertrauen und das Vertrauen in die Beziehungen zu anderen Menschen.

Das sind zwei Schlüsselmomente sozialer Kompetenz, die Schulsozialarbeit durch gezielte sozialpädagogische Trainingsangebote unterstützen kann.

Selbstverständlich sollte es nicht so sein, dass die Schulsozialarbeit in der Schule für das soziale Lernen, für die Förderung sozialer Kompetenzen zuständig ist. Wirken kann ein solches Training sozialer Kompetenzen nur, wenn die dort angesprochenen und erlebten Themen auch im Übrigen Unterrichts- und Schulalltag auftauchen und auch von den Lehrern immer wieder bewusst gemacht werden. Und idealerweise werden auch die Eltern als Erziehungspartner von Beginn an und so oft wie möglich „mit ins Boot“ genommen.

3.2.2 Klassenrat

„Eine der besten Möglichkeit für einen Klimawandel in Schulen und für gelebte Demokratie ist die Schaffung einer Plattform, um über Probleme in der Klasse zu sprechen, um das Gemeinschaftsgefühl zu stärken und eine demokratische Grundhaltung und kommunikative Kompetenzen zu fördern. Eine wunderbare Möglichkeit dazu bietet der Klassenrat.“[104] So begründet eine 19-jährige in der Schülervertretung engagierte Schülerin den Klassenrat.

Hierbei handelt es sich um ein lebendiges, basisdemokratisches Selbstbestimmungsorgan einer Schulklasse, welches ursprünglich von Célestin Freinet erdacht wurde, um seine Kooperativen ähnlichen Klassen zu organisieren. Die Idee hat in den letzten Jahren zunehmend Verbreitung gefunden, und auch wenn der Klassenrat keine spezifische Methode der Schulsozialarbeit darstellt, sind es doch häufig die sozialpädagogischen Fachkräfte, welche die Einführung des Klassenrats an Schulen anstoßen.

Es gibt mittlerweile einige Konzepte und Literatur zum Thema.[105] Gemeinsam ist ihnen, dass der Klassenrat nach einem klar strukturierten Ablauf regelmäßig einmal wöchentlich während einer Unterrichtsstunde stattfindet. Die Aufgaben des Moderators, des Rednerlistenschreibers, des Protokollführers, des Zeit- und des Ruhewächters werden von den Kindern oder Jugendlichen selbst wahrgenommen, die Lehrkraft ist idealerweise nur beratend dabei.

Themen im Klassenrat können sein:

- Besseres Kennenlernen der Kinder/Jugendlichen untereinander
- Planung von unterrichtlichen Projekten, Klassenfahrten, Ausflügen
- Feedback-Runden Schüler-Schüler, Lehrer-Schüler, Schüler-Lehrer
- Konflikte, die mehrere Personen betreffen
- Beratung anderer inhaltlicher Themen, welche die ganze Klasse betreffen

---

[104] Winter 2009, S. 1

[105] Einige Beispiele: Friedrich-Kammerer-Schule Ehningen 2011, Götz-Hege 2011, Wilhelm-Kraft-Gesamtschule 2005, Winter 2009, Zinnowwald-Grundschule Berlin-Zehlendorf 2010 oder www.derklassenrat.de

Es sollte vermieden werden, dass der Klassenrat als zusätzliche Unterrichtsstunde zur Vermittlung von Faktenwissen genutzt wird. Es handelt sich um das Gremium der Klasse selbst, weshalb auch die Kinder/Jugendlichen die Themen bestimmen und nicht die Erwachsenen.

Der Klassenrat bietet Schulsozialarbeitern **einen guten Zugang zu ganzen Klassen**. Wenn diese beispielsweise an einzelnen Sitzungen beobachtend teilnehmen, haben sie die Möglichkeit, in kurzer Zeit einen realistischen Eindruck der aktuellen Gruppendynamik in einer Klasse zu erhalten. Dort, wo die Schulsozialarbeit über einen längeren Zeitraum kontinuierlich beratend am Klassenrat teilnimmt und, nach Rücksprache mit den verantwortlichen Schülern, auch eigene Inhalte einbringt, unterstützt das zum einen die Beziehungsarbeit enorm. Zum anderen lassen sich so leicht sozialpädagogische Impulse in den Schulalltag einbringen.

3.2.3 Schülermediatoren

An immer mehr Schulen werden Verfahren zur Konfliktbearbeitung eingeführt, bei denen Kinder und Jugendliche dazu ausgebildet werden, anderen jungen Menschen bei der Lösung ihrer Konflikte vermittelnd zur Seite zu stehen. Freiwillige Kinder und Jugendliche, üblicherweise der Sekundarstufe, werden nach einem abgestuften Konzept zu Schülermediatoren[106] ausgebildet. Sie lernen ein auf wenige Regeln und Formen vereinfachtes Gesprächsführungskonzept kennen und können es bei der Regelung kleiner und mittelschwerer Auseinandersetzungen anderer Kinder und Jugendlicher anwenden.[107] Die bundesweite Auswertung entsprechender Mediationsprogramme an Schulen von Behn et al. zeigt, dass es für das Gelingen eines solchen Schülermediationsprogrammes wichtig ist, „dass die Einführung des Mediationsprojektes sorgfältig vorbereitet wird und im Rahmen eines demokratischen und partizipativen Prozesses erfolgt.“ [108]

Auch hier gilt, dass es sich nicht um ein Handlungskonzept handelt, dessen Realisierung Sozialpädagogen vorbehalten ist. An vielen Schulen sind es engagierte Lehrer, die Derartiges einführen und die Kinder und Jugendlichen in ihrer Tätigkeit als Schülermediatoren begleiten. Jedoch: „An vielen Schulen ist die Schulsozialarbeit eine entscheidende Größe für den Erfolg des Mediationsprojektes.“[109] Häufig sind es Schulsozialarbeiter,

---

[106] Für das hier Beschriebene werden ganz unterschiedliche Bezeichnungen verwandt: Schülerstreitschlichter, Konfliktlotsen, Konfliktengel, Streitlotsen, Streitschlichter-Buddys …

[107] vgl. Bundesverband für Mediation e.V. 2002

[108] Behn et al. 2006, S. 6

[109] Behn et al. 2006, S. 20

welche die jungen Menschen ausbilden, anleiten und als erwachsener Ansprechpartner kontinuierlich zur Verfügung stehen. „Die Einbindung von Schulsozialarbeiter/innen in das Mediationsprojekt ist also häufig hilfreich für das Gelingen des Projektes und stellt ein Qualitätskriterium dar.“[110]

Sowohl bei Lehrern als auch bei Schulsozialarbeitern ist jedoch eine eigene Weiterbildung in Mediation unabdingbar bevor die Ausbildung der Schüler begonnen wird. Andernfalls besteht die Gefahr, selbst mit auftretenden Fragen und Störungen überfordert zu sein und dadurch die Jugendlichen nicht ausreichend auf ihre durchaus anspruchsvollen Aufgaben vorbereiten zu können. Sozialpädagogische Fachkräfte bringen, gerade auch im Vergleich zu Lehrern, aufgrund ihres Studiums bereits viele Kompetenzen mit. Neben Wissen und Qualifikation kommt es in der Mediation aber vor allem auch auf die **Verinnerlichung der entscheidenden Werte, Normen und Ideen einer konstruktiven Konfliktbearbeitung** an.

3.2.4 Medienpädagogische Angebote

Immer mehr Kindern und Jugendlichen steht ein breites Angebot an so genannten **neuen Medien** zur Verfügung: Computer oder Laptops sind in allen im Rahmen der JIM-Studie 2011 befragten Haushalten vorhanden: 96 Prozent der Jugendlichen haben ein Handy. 82 Prozent besitzen einen MP3-Player und 79 Prozent einen eigenen Computer. 45 Prozent der Jugendlichen können damit vom eigenen Zimmer aus ins Internet gehen. Und ebenso viele sind mit ihren Smartphones auch von unterwegs mit aller Welt vernetzt. „Mediengeräte und Medienangebote sind allgegenwärtig und Teil des Alltags von Jugendlichen.“[111]

Auch wenn die Zahlen bei der Befragung von Schulsozialarbeitern vermutlich ganz anders, nämlich viel geringer, aussehen würden, kommen die sozialpädagogischen Fachkräfte nicht umhin, sich intensiv mit diesem bedeutsamen Teil jugendlicher Lebenswelten zu befassen.

Denn **Mediennutzung bedeutet nicht automatisch auch Medienkompetenz.**

---

[110] Behn et al. 2006, S. 20

[111] Medienpädagogischer Forschungsverbund Südwest 2011, S. 13

> Stefanie wird sich mit ihm treffen! Am nächsten Tag wird Tom am Busbahnhof auf sie warten. Die Zwölfjährige ist sehr aufgeregt. Das Bild des Jungen auf ihrem Bildschirm sieht so süß aus.
>
> Tom weiß eine ganze Menge über Stefanie. Oder besser gesagt über Kleine_Maus12, wie sie sich in dem Chat nennt, in dem er mit ihr die letzten 45 Minuten munter geplaudert hat. Er weiß, dass sie mit ihrer Mutter und ihrem kleinen Bruder in einem Mehrfamilienhaus am anderen Ende der Stadt wohnt. Sie hatte ihm über das Internet ein Bild von sich geschickt, auf dem sie mit ihrer Familie und ihrem kleinen Hund auf Mallorca zu sehen ist. Das war auch der Urlaub gewesen, in dem sie das erste Mal einen Jungen geküsst hatte. Den von ihr mit ihrem Handy aufgenommenen Film davon wollte er dann aber doch nicht unbedingt sehen. Und nun ist Tom mal gespannt, wie es weitergeht …

Solche oder ähnliche Geschichten kennen sicherlich viele Schulsozialarbeiter aus Gesprächen mit Kindern und Jugendlichen. Völlig unbedarft erzählen sie, wie sie sich mit anderen in Online-Communities wie Facebook, schülerVZ, KWICK, MySpace, StayFriends, wer-kennt-wen oder Lokalisten über die privatesten Dinge austauschen und dabei vieles von sich preisgeben. Auch manches, bei dem sie sich im Nachhinein gewünscht hätten, es nicht einer unbestimmten Zahl völlig unbekannter Menschen mitgeteilt zu haben. Denn diese Informationen sind, einmal im Netz, nicht mehr zurück zu holen und werden häufig von anderen aufgegriffen, kommentiert und weiterverbreitet.

„Jeder siebte Jugendliche (14 %) musste bestätigen, dass über ihn schon einmal peinliche oder beleidigende Inhalte ins Internet gestellt wurden. […] Jeder Zehnte im Alter von 12 bis 13 Jahren (9 %) wurde auf diese Weise online beschimpft oder verleumdet. Ältere Jugendliche sind noch stärker betroffen (14-15 Jahre: 18 %, 16-17 Jahre: 14 %, 18-19 Jahre: 16 %).“[112] Und wenn es besonders schlimm kommt, dann ergeben sich aus solchen Kommunikationen im Internet, die typischerweise in ihrer Form stark verkürzt ablaufen, handfeste Konflikte im „echten“ Leben: Immer wieder treffen sich Gruppen von Jugendlichen nach zuvor im Internet erfolgten Beleidigungen und Bedrohungen, um sich gegenseitig zu schlagen. Im beruflichen Umfeld des Autors wurde vor einiger Zeit ein Fünfzehnjähriger dabei so schwer verletzt, dass er Zeit seines Lebens schwerstbehindert sein wird.

[112] Medienpädagogischer Forschungsverbund Südwest 2011, S. 38

Aber auch sexuelle Gewalt, sei es verbal oder physisch, kommt im und durch das Netz recht häufig vor, sowohl unter Jugendlichen als auch von Erwachsenen gegenüber Jugendlichen.

Auch für Stefanie hätte es gefährlich werden können. Sie hatte sich schon überlegt und mit ihren Freundinnen beraten, was sie zu ihrem Date mit Tom anziehen solle und was sie ihrer Mutter als Ausrede erzählen würde, um nicht auf ihren Bruder aufpassen zu müssen.

Doch glücklicherweise heißt Tom tatsächlich gar nicht so und ist auch nicht der 14-jährige Realschüler, als der er sich ausgegeben hatte. In Wirklichkeit heißt Tom Charlotte König, ist 35 und die Schulsozialarbeiterin an Stefanies Schule.

Nur die Online-Kommunikation zwischen ihr und der Sechstklässlerin war echt. Sie fand statt im Rahmen des Projektes „fett im chat", welches die Schulsozialarbeit für die beiden 6. Klassen organisiert hatte. Hierfür hatte sie vor einigen Wochen das Team des Web 2.0 Simulator genannten Planspiels kontaktiert und ihr Interesse an der Teilnahme an einem auf der Projekt-Website im Internet veröffentlichten Spieltermine geäußert. Daraufhin hatte sich einer der Administratoren bei ihr gemeldet, mit ihr die Rahmenbedingungen für die Teilnahme geklärt und ihr den Kontakt zu den anderen drei Schulsozialarbeitern und Lehrern vermittelt, die zeitgleich mit ihren Klassen online sein würden.

Die Erfahrung vieler Pädagogen lehrt, dass sich über Vieles viel reden lässt und doch wenig bei den Kindern und Jugendlichen ankommt und von ihnen verinnerlicht wird. Je stärker aber die methodisch-didaktische Ausrichtung an deren Lebenswelt orientiert ist und das zu Lernende mit selbst gemachten Erlebnissen verknüpft werden kann, desto eher wird es dauerhaft internalisiert.

Der in unserem Beispiel beschriebene und in dieser Form bislang einzigartige **fett im Chat – Web 2.0 Simulator** wurde gemeinsam von einer Arbeitsgruppe von Schulsozialarbeitern und anderen Pädagogen im Landkreis Böblingen konzipiert und im Auftrag des Kreisjugendrings Böblingen von R3D Internet Dienstleistungen realisiert. „Im geschützten Rahmen eines Planspiels wird die Medienkompetenz von Kindern und Jugendlichen gestärkt. Das Konzept des Web 2.0 Simulators basiert auf interaktivem Lernen, ist lebensnah und die erworbenen Erkenntnisse können im

Alltag umgesetzt werden."[113] Mit fett im Chat steht den an medienpädagogischen Handlungskonzepten interessierten Schulsozialarbeitern ein im Handlungsfeld entwickelter und in der Praxis an mehreren Schulen erfolgreich erprobter Baustein zur medienpädagogischen Arbeit im Themenbereich Internet und Online-Communities zur Verfügung.

Ein Schlüssel für wirksame medienpädagogische Angebote, egal ob zum Thema Internet, Handynutzung, digitale Fotografie, Video oder Computer-(Online-)Spiele, ist, dass die Kinder und Jugendlichen in ihrer Art, mit dem Thema umzugehen, ernst genommen werden. Wenn die **Auseinandersetzung mit Chancen und Risiken** der von Jugendlichen ganz selbstverständlich genutzten Medien von Wertschätzung getragen wird und möglichst frei von moralischen Wertungen geschieht, steigt die Offenheit der jungen Menschen für die Hinweise der Erwachsenen. Und die Wahrscheinlichkeit, dass sich ihre Medienkompetenz steigert, ist größer.

Am Nachmittag nach der dreistündigen Simulation in der zugriffsbeschränkten Online-Community spricht Schulsozialarbeiterin Charlotte mit den Jugendlichen zunächst ganz allgemein über deren Erfahrungen im Internet. Anhand der schriftlichen Auswertung vom Vormittag, die ihr der Administrator nach Spielende per E-Mail geschickt hatte, bespricht sie dann einzelne, aus ihrer Sicht kritische Situationen während des Projekts. Engagiert diskutieren die Jugendlichen über ihre Statements und die Reaktionen anderer Jugendlicher darauf.

Dann informiert Charlotte König darüber, dass insgesamt fünf der Personen im Chat keine Jugendlichen, sondern Sozialarbeiter, Polizisten und Internetfachleute waren. „Was denkt ihr, wer eurer Chat-Partner war einer davon?" Tom wurde nicht genannt.

In anonymisierter Form berichtet sie von ihrem Kontakt zu Stefanie und sagt, dass sie erschrocken gewesen sei, welche ganz persönlichen Dinge sie innerhalb kürzester Zeit erfahren hatte. Stefanie sitzt sichtlich betroffen auf ihrem Platz und schweigt. Die Klasse diskutiert noch eine Stunde lang sehr offen, ehrlich und engagiert über Schein und Realität im Internet und die Folgen, die unvorsichtiges Medienverhalten für sie haben könnte.

[113] Kreisjugendring Böblingen und R3D - Internetdienstleistungen 2012

3.2.5 Programme zur Gewaltsensibilisierung und Gewaltprävention

„Es hat noch nie eine gewaltfreie Schule gegeben und sie wird wahrscheinlich auch nie existieren. Aggressionen gehören zur menschlichen Grundausstattung und suchen sich ihre Bahnen. Die Aufgabe der pädagogischen Institution Schule besteht darin, den Aggressionen der ihr anvertrauten Schülerinnen und Schülern produktive Wege und feste Kanalisierungen zu eröffnen, um unakzeptable Gewalt einzudämmen."[114]

Für nahezu alle Schulsozialarbeiter gehört die professionelle Beschäftigung mit Gewalt und Aggression selbstverständlich zum Berufsalltag: Streitereien unter Schülern, „Spaßkämpfe" auf dem Pausenhof, Schmierereien auf der Toilette, Bedrohungen, Diebstähle und auch subtilere Formen der Gewalt durch Lehrer, Schulleiter oder Hausmeister. Aggression zeigt sich auf unterschiedlichste Weise. Ihr zu begegnen und sie möglichst vermeiden zu können setzt zunächst voraus, dass ich Gewalt als solche erkenne. Nicht erst seit den massiven Gewalttaten der letzten Jahre an Schulen in Erfurt, Emsdetten oder Winnenden rückt das Thema in den Fokus der Schulsozialarbeit als Handlungsfeld der Jugendhilfe. Sozialpädagogen und Sozialarbeiter **wissen um psychologische und soziologische Gewalttheorien** und haben jede Menge methodische Ansätze und Handlungskonzepte für die Schulsozialarbeit entwickelt und erprobt: auf der individuellen Ebene, auf der Klassenebene und auf der Schulebene.[115]

Ein Realschulrektor: „Gewaltprävention ist ein großer Arbeitsbereich, in dem sich Schulsozialarbeit bewegt. Alles was da getan wird – Gespräche im Einzelnen, mit Klassen, ob Projekte da sind, die Gesprächskultur, Konfliktmanagement und Ähnliches beinhalten – sind ja Gewaltprävention. Und wenn Schüler wissen, sie haben bei Problemen eine Anlaufstelle, dann ist das eine grundlegende Sache, die von vorne herein den Pegel von Aggression, von Aggressivität herunter setzt."[116]

An dieser Stelle sei beispielhaft ein Programm kurz dargestellt, das von Frankfurt ausgehend seinen Weg in viele Schulen in Deutschland gefunden hat: das **Training zur Handlungskompetenz in Gewaltsituationen „Cool sein – cool bleiben"** das bereits 1998 von den beiden Mitarbeitern

---

[114] Hurrelmann/Bründel 2007, S. 7

[115] Maßnahmen auf jeder dieser drei Ebenen sind ein zentrales Moment des von Dan Olweus entwickelten und derzeit im schulischen Kontext viel zitierten Interventionsprogramms, vgl. hierzu beispielsweise Bannenberg 2010

[116] Kanzinger 2012 (Filmdokument)

des Frankfurter Kinderbüros Jutta Lederer-Charrier und Rüdiger Niemann[117] entwickelt wurde.

> „Hey, du! Komm mal her!" „Was willst du, Alter?" Und – zack – ist Murat voll drin im Magnetfeld des Typs, der ihn da so schräg angemacht hat. Und darauf hat dieser gehofft.
>
> Jetzt kann der „Typ", der nun seine „Gangstermütze" abnimmt und dann sofort wieder Jasper Hönig heißt, den Mädchen und Jungen der 7. Klasse der Realschule nämlich sehr gut zeigen, wie sich typischerweise derartige Situationen im öffentlichen Raum entwickeln. Und das ist das Ziel des dreitägigen Intensivtrainings, das der Schulsozialarbeiter wie in jedem Jahr in den beiden siebten Klassen durchführt. Es ist angelehnt an das Konzept „Cool sein – cool bleiben" des Frankfurter Kinderbüros.

Anders als in einem Antiaggressionstraining, Antigewalttraining oder einem Programm zum Training von Selbstverteidigungstechniken geht es bei diesem bewährten Konzept um die Perspektive auf potenzielle Gewaltopfer, also letztlich um alle Kinder und Jugendlichen[118], und um die Stärkung deren Handlungskompetenz in Gewaltsituationen. Mögliche Täter werden nicht angesprochen. Jugendliche sind aus Sicht der Entwickler des Trainings „bei diesem Thema die eigentlichen Experten, weil Erwachsenen diese Formen von Gewalt im Alltag nicht oder nur wenig begegnen."[119]

Daher baut das Training didaktisch vor allem auf im Rollenspiel präsentierte Schlüsselsituationen auf, in denen der vom Schulsozialarbeiter oder anderen Erwachsenen gespielte „Typ" unterschiedlichste Provokationen an die Jugendlichen richtet, denen sie dann begegnen sollen.

> „Wie verhalten sich Täter? Welches Verhalten wird von Opfern erwartet?" Diese beiden Fragen stehen groß an der Tafel, als die Schüler aus der Pause ins Klassenzimmer zurückkehren. Und das sind für die zweite Trainingseinheit auch die Schlüsselfragen, anhand derer Jasper Hönig den Mädchen und Jungen, die jetzt unbedingt weiter „so tolle Rollen-

[117] vgl. Lederer-Charrier/Niemann 2000

[118] Das Training eignet sich in Aufbau und Methodik auch hervorragend für die Arbeit mit älteren Jugendlichen oder Erwachsenen (beispielsweise für Vereinsjugendleiter). Einzelne Elemente wurden von der Schulsozialarbeit Ehningen auch in einem Vortrag und Workshop für Eltern mit dem Titel ZIVILCOURAGE erfolgreich verwendet.

[119] Lederer-Charrier/Niemann 2000, S. 1

spiele" machen wollen, das Prinzip erklärt, um das es in bedrohlichen Situationen und hier bei „Cool sein – cool bleiben" gehen soll: „Schüler/innen sollen Handlungsmuster erlernen, die einen sofortigen Ausstieg aus einer bedrohlichen Situation ermöglichen, indem sie das Magnetfeld verlassen, sich vom Täter entfernen und/oder Öffentlichkeit herstellen."[120]

Und dann wird tatsächlich ganz praktisch geübt. Jeder soll mal drankommen, sich selbst in diesem geschützten Rahmen ausprobieren und in den Rollenspielen unterschiedlichste Situationen auf dem Schulhof, in der S-Bahn, auf dem Heimweg vom Sport oder auf einer Party nachempfinden.

Die vier Trainingseinheiten sind alle so aufgebaut, dass gemeinsam mit den Jugendlichen **Antworten auf Schlüsselfragen** erarbeitet werden, dabei **zentrale Begriffe** erläutert und verstanden werden und ein **formuliertes Prinzip** möglichst bei allen Schülern so verinnerlicht wurde, dass sie, zumindest in den künstlichen Rollenspielsituationen, danach handeln können. Unterstützend kann im Training mit Filmszenen zu den einzelnen Themen gearbeitet werden, anhand derer die Situationen mit den Jugendlichen bearbeitet werden können.

Jetzt wird es ernst für Timea. Den Typ im Klassenzimmer anzuschreien war anfangs noch schwierig für das Mädchen gewesen, funktionierte dann aber zunehmend besser. Doch jetzt steht sie einem ihr unbekannten jungen Mann gegenüber, den sie fünf Minuten zuvor zum ersten Mal in ihrem Leben sah. Und die beiden sind auch nicht mehr im Klassenzimmer, sondern auf dem Kinderspielplatz in der Nähe der Schule. Und der nicht gerade freundlich aussehende Mann kommt jetzt auch noch auf sie zu …

„Hau ab! Hau ab! Hau ab!", ruft die Dreizehnjährige immer lauter und geht dabei immer weiter zurück Richtung Straße. Er folgt ihr. Da dreht sie sich um und rennt davon. Er bleibt stehen. Geschafft!

Timeas Mitschüler, Schulsozialarbeiter Jasper Hönig und die Jugendsachbearbeiterin des örtlichen Polizeireviers klatschen. Und auch „der Typ", es ist Manfred, ein Kollege des Schulsozialarbeiters aus einer Nachbarschule, grinst und nickt anerkennend. Nachdem das Mädchen selbst erzählt, wie sie sich in der gespielten und doch sehr realistischen

[120] Lederer-Charrier/Niemann 2000, S. 15

Situation gefühlt hat – „Es ist viel schwerer hier draußen, wo es jeder hören kann, laut zu werden“ – bekommt sie Feedback von ihren Mitschülern und von den Erwachsenen. Und das fällt durchweg positiv aus. Timea hat sich verhalten, wie sie es trainiert hatte.

Im ursprünglichen Trainingskonzept „Cool sein – cool bleiben“ nicht vorgesehen, aber in der Praxis der Schulsozialarbeit bereits mehrfach bewährt hat sich ein **Livetraining**, nachdem alle Übungseinheiten stattgefunden haben.

So machen die Schüler der Friedrich-Kammerer-Schule Ehningen beispielsweise immer am letzten Tag einen vom Schulsozialarbeiter geplanten Spaziergang durch den Ort, auf Wegen und vorbei an den Stellen, die den jungen Menschen aus ihrem Alltag vertraut sind. Hierbei werden sie von einem der Polizeibeamten des örtlichen Polizeipostens begleitet, der mit den Schülern auch einen „echten“ Notruf an die Kollegen absetzt. Einzelne Situationen, die den Jugendlichen aus dem Training im Klassenzimmer vertraut sind, werden nun nochmals mit Unterstützung eines unbekannten Erwachsenen simuliert und sie können sich selbst ihre erworbene Handlungskompetenz unter Beweis stellen.[121]

Befragungen älterer Jugendlicher und die gemeinsame Auswertung real auftretender Situationen zeigen, dass auch nach einigen Jahren noch jede Menge Schlüsselbegriffe von den Jugendlichen erklärt werden und viele der Prinzipien aus dem Training in leider gar nicht so seltenen Bedrohungssituationen erfolgreich umgesetzt werden können. Hierzu trägt der erlebnisorientierte Ansatz des Trainings ganz sicher entscheidend bei.

3.2.6 Projekte zur Suchtprävention

Kenn Dein Limit, ALKgemeinheit, HaLT, Aktionswoche Alkohol, Be Smart – Don´t Start, NA TOLL! – dahinter verbergen sich unterschiedliche Aktionen, Projekte und Programme zur Suchtprävention mit Jugendlichen.[122] Einige davon lassen sich sehr gut im schulischen Kontext einsetzen.

An vielen Schulen macht Schulsozialarbeit Angebote im Bereich der Suchtprävention und bedient sich hierbei unterschiedlichster methodischer Ansätze. Ihnen gemein ist, dass sie sowohl **Faktenwissen über legale und illegale Rauschmittel** vermitteln, als auch bei den Jugendlichen selbst

[121] Vgl. hierzu auch Schulsozialarbeit Ehningen 2012b
[122] Vgl. hierzu auch Abstein/Gastiger 2012

ansetzen und mit ihnen über **die psychosozialen Ursachen und Folgen von Sucht** ins Gespräch gehen. Gerade in Bezug auf legale Drogen wie Alkohol und Nikotin wollen die sozialpädagogischen Fachkräfte diese nicht verteufeln, sondern die jungen Menschen für den schmalen Grat zwischen Genuss und Sucht sensibilisieren.

„Und was denkt ihre Tochter darüber?", fragt Waldemar den Mann, der ihm und seinen Klassenkameraden als Peter vorgestellt wurde. „Sie weiß nicht, wo ich derzeit lebe. Ich habe seit vielen Jahren keinen Kontakt mehr zu ihr. Ich schäme mich dafür.", sagt der 42-Jährige, der aussieht, als sei er Ende Sechzig.

Seit zwei Stunden sind die achtzehn Schüler der Klasse 7 zusammen mit ihrer Klassenlehrerin und Schulsozialarbeiter Felix Meier zu Gast in dem Wohnheim der „eva Stuttgart". Hier leben dreißig obdachlose Männer, die meisten von ihnen sind alkoholkrank und haben in ihrem Leben schon viele Drogen konsumiert. Sie werden betreut von Kranken- und Heilerziehungspflegern, Ärzten und Sozialarbeitern.

Schon seit einigen Jahren organisiert der Schulsozialarbeiter regelmäßig einen Vormittag in dieser sozialen Einrichtung und besucht diese mit den Mädchen und Jungen der 7. Klasse, um hautnah zu erleben, welche tiefen Spuren Alkohol- und Drogenmissbrauch im Leben von Menschen hinterlassen.

Der Leiter der Einrichtung empfängt sie und führt sie zunächst durch das achtstöckige Hochhaus am Rande eines Stuttgarter Stadtteils. Dann sitzen die Jugendlichen in Kleingruppen mit jeweils einem Bewohner zusammen und dürfen diesem alle Fragen stellen, die sie interessieren. Felix Meier ist jedes Mal wieder positiv überrascht, wie offen die Männer über ihr Leben, ihre Probleme und ihre Sucht sprechen.

Und auch die Jugendlichen werden sehr, sehr nachdenklich und sind sichtlich beeindruckt von dem, was sie gesehen, gehört und auch gerochen haben.

Gerade die Suchtprävention ist ein Themengebiet, welches sich aufgrund eines gut ausgebauten Netzes von Fachdiensten und Einrichtungen der Sozial- und Gesundheitshilfe hervorragend zur Kooperation mit eben diesem Arbeitsfeld Sozialer Arbeit eignet. Die Aufgabe für die Schulsozialarbeit besteht häufig eher darin, den aktuellen Bedarf einer Klasse und die Bedürfnisse der einzelnen Schüler festzustellen und dann ein passendes Konzept (beispielsweise in Form einer Projektwoche) zu entwickeln. Bestenfalls geschieht dies gemeinsam mit den betroffenen Lehrern.

3.2.7 Berufsorientierung und Lebensplanung

Gerade die Schulsozialarbeit an Schulen der Sekundarstufe I (z. B. Hauptschulen, Werkrealschulen, Gemeinschaftsschulen)[123] hat in den letzten Jahren ihre Angebote im Themenfeld Berufsorientierung und Lebensplanung stark erweitert. Nach Bolay et al. machen rund 70 Prozent der von ihnen befragten Fachkräfte Angebote im Übergang Schule-Beruf.[124] Die Zunahme ist im Zusammenhang mit der verstärkten öffentlichen Problematisierung mangelnder Ausbildungsfähigkeit und erhöhter Jugendarbeitslosigkeit zu sehen. Die Politik in Bund und Bundesländern hat sich des Themas angenommen und die Verwaltung hat mit einer Vielzahl an Programmen und Projekten reagiert. Als ausdrücklicher Auftrag der Schulen wurde die Förderung der Ausbildungsfähigkeit ihrer Schüler und die Sicherstellung des Übergangs in die Berufsausbildung oder an weiterführende Schulen im Rahmen der Bildungspläne formuliert.[125]

Auf lokaler Ebene sind es in der Umsetzung häufig vor allem Schulsozialarbeiter, die innovative Programme entwickeln, dabei außerschulische Partner mit einbinden und in Kooperation mit Lehrerinnen und Lehrern die Angebote umsetzen. Wie diese konkret ausgestaltet sind hängt dabei von den konkreten Rahmenbedingungen vor Ort ab.

Der Autor führt hier ein Beispiel aus seiner eigenen Praxis an der Grund- und Hauptschule in Ehningen an:[126]

Berufsorientierung und Lebensplanung – diese beiden großen Themen sind für die Jugendlichen in Klasse 8 und 9 der Hauptschule das zentrale Thema. Seit 2004 haben in Ehningen das kommunale Jugendreferat und die

Friedrich-Kammerer-Schule gemeinsam ein vielseitiges Programm entwickelt, mit der die Schülerinnen und Schüler umfassend auf den

[123] Erläuterungen zur internationalen UNESCO-Klassifikation von Schultypen und Schulsystemen sind beispielsweise zu finden unter http://www.unesco.org/education/information/nfsunesco/doc/isced_1997.htm

[124] Bolay et al. 2004, S. 62

[125] Vgl. bspw. Ministerium für Kultus 2010, S. 7

[126] Dieses wurde bereits an anderer Stelle veröffentlicht: Lachat (Schlesinger) 2010.

anstehenden Übergang von der Schule in den Beruf vorbereitet und ganz praktisch bei ihrer Zukunftsplanung begleitet werden.

Die Schulsozialarbeit ist Teil des Amts für Familie, Jugend, Senioren und Soziales der Gemeinde Ehningen und hat die Koordinationsfunktion für die Initiative FIT FOR JOB zur Berufsorientierung der Ehninger Hauptschüler. Beim Schulsozialarbeiter laufen die Fäden für die 15 einzelnen Module der Initiative zusammen. Neben der inhaltlichen Ausgestaltung einzelner Module, die federführend von ihm durchgeführt werden, obliegt dem Schulsozialarbeiter vor allem die Pflege des Netzwerks mit einer Vielzahl von Partnern (Unternehmen, IHK und Handwerkskammer, der Agentur für Arbeit, Eltern, ehrenamtlichen Paten und anderen lokalen Akteuren), die Impulsgebung zur konzeptionellen Weiterentwicklung der Gesamtinitiative sowie die Dokumentation und Öffentlichkeitsarbeit.

Die Initiative FIT FOR JOB beginnt mit einer Klassenfahrt. Beim FIT FOR JOB-Workcamp verbringen die Schüler eine Woche mit gemeinsamer, praktischer Arbeit auf einem Bauernhof, in der Landschaftspflege, im Waldschulheim oder in einem sozialen Projekt. Neben dem praktischen Erfahren „echter" Arbeitsprozesse dient „der etwas andere" Schullandheimaufenthalt vor allem dem bewussten Erleben der eigenen Stärken und Schwächen.

Eine gezielte Analyse und Dokumentation der eigenen Fähigkeiten und Fertigkeiten (sowie entsprechender Entwicklungsbereiche) bildet mit dem zweiten Modul auch die Grundlage für alle weiteren Schritte im Berufswahlprozess. Der FIT FOR JOB-Ordner wird für die Schüler zum ganz persönlichen Berufswahl- und Lebensportfolio.

Neben dem Erarbeiten einer eigenen Bewerbungsmappe geht es im ersten Halbjahr der 8. Klasse vor allem um das Kennenlernen verschiedener Berufe und Berufsfelder. Betriebsbesichtigungen, freiwillige Praktika, Berichte ehemaliger Schüler und regelmäßige Kontakte zum Berufsberater ermöglichen den Schülern einen realistischen Einblick in ganz unterschiedliche Berufe.

Während eines einwöchigen Filmprojekts setzen sich die Jugendlichen intensiv und sehr kreativ mit der Frage auseinander, wie sie ihr Leben nach dem Hauptschulabschluss gestalten wollen. Der fertige Film wird dann allen Schülern in einer großen Hauptschulversammlung präsentiert. Ein ganz besonderer Moment!

Mit der Suche nach einem möglichen Ausbildungsplatz, weiteren Praktika und den ersten Vorbereitungen für die „heiße Phase" der Bewerbung beschäftigen sich die Schüler im zweiten Schulhalbjahr in wöchentlichen FIT FOR JOB-Stunden. Ergänzend zu den thematischen Einheiten im Klassenverband bietet der Schulsozialarbeiter den jungen Menschen eine intensive Einzelberatung an.

Unterstützt werden die Schüler in ihren Bemühungen zur Berufsorientierung auch von ehrenamtlichen Paten. In den letzten Jahren haben nahezu alle Schüler das Angebot eines erfahrenen Ehninger Erwachsenen angenommen, gemeinsam an Bewerbungen zu arbeiten, nach Stellen zu suchen und für das Vorstellungsgespräch zu üben.

Der „Kleine Knigge"-Kurs in einem Ehninger Sterne-Restaurant, die Bewerbungssimulation „FIT FOR JOB – Spiel des Lebens" und persönliche Rückmeldungen erfahrener Personalfachleute großer Unternehmen ergänzen das vielseitige Programm der Initiative FIT FOR JOB zu Beginn des neunten Schuljahrs.

Zum Abschluss der gemeinsamen Hauptschulzeit und im Rahmen des letzten FIT FOR JOB-Moduls gehen die Mädchen und Jungen am Ende ihres neunten Schuljahres nochmals gemeinsam auf Tour. Beim FIT FOR JOB-Projekt Abschlussfahrt planen die Schülerinnen und Schüler über ein Schuljahr hinweg eine einwöchige Klassenfahrt nahezu vollständig selbst. Lediglich die Rahmenbedingungen werden vom begleitenden Schulsozialarbeiter und der Klassenlehrerin gesetzt. Mit diesem Höhepunkt beweisen sich die Schüler selbst, welche Kompetenzen sie sich an der Ehninger Schule erfolgreich erarbeitet haben.

Die Initiative FIT FOR JOB hat in den letzten Jahren maßgeblich dazu beigetragen, dass (fast) alle Schülerinnen einen Ausbildungsplatz oder einen Platz auf einer weiterführenden Schule erhalten haben. Entscheidend für den Erfolg war und ist dabei die verlässliche, wertschätzende und umfassende Kooperation aller Beteiligten. Durch eine transparente Kommunikation gelingt es in Ehningen, die unterschiedlichen Sichtweisen und die jeweiligen Stärken der Bildungspartner zusammen zu führen. So werden die Themen Berufsorientierung und Lebensplanung gemeinsam intensiv und erfolgreich mit unseren Jugendlichen bearbeitet. Die Schulsozialarbeit ist hierbei der erfolgreiche Motor.

In dem beschriebenen Beispiel aus Ehningen, einer Gemeinde in Baden-Württemberg mit rund 8.000 Einwohnern, koordiniert seit einigen Jahren einer der beiden Schulsozialarbeiter die Initiative zur Berufsorientierung

FIT FOR JOB.[127] In dieser Zeit wurden die beschriebenen Module gemeinsam mit den Klassen- und Fachlehrern, den Jugendlichen selbst, deren Eltern und einer Vielzahl außerschulischer Partner (z. B. Ausbildungsbetriebe, ehrenamtliche Job-Paten, ...) entwickelt. Die Schulsozialarbeit ist nicht bei jedem der Module der ausführende Akteur und nicht für jedes Modul im Detail verantwortlich. Sie trägt aber die Verantwortung dafür, dass die Inhalte den Jugendlichen in jedem Schuljahr aufs Neue vermittelt werden – unabhängig vom jeweiligen Lehrer.

Derzeit wird das Programm unter dem Titel fitforjob plus weiter entwickelt und hinsichtlich Trägerstruktur und Zielgruppe ausgeweitet.[128]

3.2.8 Demokratie erleben

Die Erziehung von Kindern und Jugendlichen zu gemeinschaftsfähigen Persönlichkeiten (§ 1 SGB VIII) bedeutet in besonderer Weise, sie mit Demokratie vertraut und diese für sie erlebbar zu machen. Der Lebensort Schule eignet sich hierfür besonders gut, da sie von ausnahmslos allen künftigen Bürgern besucht wird und diese hier einen großen Teil ihrer Lebenszeit verbringen. Da gibt es viele unterschiedliche Interessen, Haltungen, Wertvorstellungen, Erfahrungen, Wünsche und Ziele. Eben wie es immer ist, wenn viele Menschen zusammen sind. Und diese Vielfalt muss von möglichst Vielen gemeinsam aktiv gestaltet werden. Das bedeutet Demokratie.

Die Schülervertretungen haben gesetzlich geregelte Mitspracherechte bei der Gestaltung des Schullebens. So haben Kinder und Jugendliche bereits in der Schule die Möglichkeit, „echte" demokratische Beteiligung kennen zu lernen. Dem Grundsatz der Partizipation folgend, sind es immer wieder Schulsozialarbeiter, die darauf hinwirken, dass nicht nur gewählte Schülervertreter, sondern möglichst alle Kinder und Jugendlichen an sie betreffenden Entscheidungen beteiligt werden und demokratische Prozesse für sie durch konkretes Handeln erlebbar werden.

In Baden-Württemberg wählen am 27.03.2011 die wahlberechtigten Bürger einen neuen Landtag. Doch ein Ergebnis steht bereits neun Tage vorher fest – nämlich das der bis dahin vier Tage lang stattfindenden

[127] Den Anstoß zur Entwicklung von FIT FOR JOB gab 2004 das damalige Jugendreferat. Bis 2008 lag die Koordination der Initiative beim kommunalen Jugendreferenten.

[128] Ausführliche und aktuelle Informationen finden sich im Internet unter www.fitforjob.info

Jugendwahl U18.[129] Alle Kinder und Jugendlichen können in einem der landesweit mehreren hundert Wahllokale die Kandidaten wählen, die für den Landtag in Stuttgart kandidieren. Doch der Wahltag selbst ist nur der Höhepunkt vieler Aktionen im Vorfeld.

Auch die Schulsozialarbeit Ehningen beispielsweise hat in Kooperation mit der offenen Jugendarbeit und gemeinsam mit der Schülermitverantwortung verschiedene Angebote organisiert. So hat sie für die Klasse 9 das Politik-Planspiel der Heinrich-Böll-Stiftung „Wer hier regiert – entscheiden WIR“ an die Hauptschule geholt. Einen Vormittag lang diskutieren die Jugendlichen anhand der tatsächlichen Wahlprogramme der Parteien intensiv über Bildungs- und Energiepolitik, um in abschließenden „Koalitionsverhandlungen“ Mehrheiten für die einzelnen Positionen zu finden. Am Nachmittag kommen dann die echten Kandidaten aus dem Wahlkreis in die Schule, um sich von den Jugendlichen befragen zu lassen und mit ihnen zu diskutieren.

In der Aula ist die Wahlwerbung der Parteien zu sehen, ergänzt durch von den Schülern erstellte Auszüge aus den Wahlprogrammen. So sind die Ehninger Jugendlichen informiert, als sie am Wahltag im Büro der Schulsozialarbeit ihre per Post zugesandte Wahlbenachrichtigungskarte gegen einen Stimmzettel tauschen und in der Wahlkabine ihr Kreuz machen. Dann landen die Stimmzettel in einer verschlossenen Wahlurne und werden erst nach Wahlende ausgezählt. Auf der Wahlparty am Abend im Jugendhaus werden die ersten Hochrechnungen an die Wand projiziert und die Überraschung und Freude bei vielen Jugendlichen nach Bekanntgabe des Endergebnisses ist groß. Bürgermeister, Gemeinderäte und Schulsozialarbeiter freuen sich besonders über die ausgesprochen hohe Wahlbeteiligung an der Schule von fast 90 Prozent. Das ist Demokratiefähigkeit!

3.3 Innerschulische und außerschulische Vernetzung und Gemeinwesenarbeit

Schule ist sowohl ein für sich zu betrachtendes (funktionales) Gemeinwesen, als auch Teil eines (territorialen) Gemeinwesens, einer Kommune. Und so gehört auch der „methodische Klassiker“ Gemeinwesenarbeit selbstverständlich zum Handwerkszeug der Schulsozialarbeit.

[129] Das Wahlergebnis der U18-Wahl am 18.03.11 und Informationen zur landesweiten Aktion finden sich im Internet unter www.jugendwahl-bw.de. Bundesweite Informationen gibt es unter www.u18.org

Für viele fachliche Laien, und leider auch für viele sozialpädagogische Fachkräfte, ist es oftmals nicht gleich einsichtig, weshalb sich Schulsozialarbeit aktiv um die Vernetzung der Schule nach innen und außen und die Mitarbeit an der strukturellen Gestaltung des „Gemeinwesens Schule“ kümmern soll.

Als Erklärung kann ein Bild ganz dienlich sein: Ein Wasserhahn ist kaputt und tropft stetig vor sich hin. Jede Menge wertvollen Wassers geht hierbei verloren (Problemlagen, die durch die Rahmenbedingungen erst entstehen). Nun kann ich entweder dauerhaft und immer schneller Eimer holen, damit das Wasser auffangen und dieses dann nach und nach verwenden (beispielsweise durch Einzelhilfe und Beratung). Oder ich mache mich daran, passendes Werkzeug zu organisieren (Konzepte und Methoden der Gemeinwesenarbeit) und den kaputten Wasserhahn durch einen neuen, modernen und sparsamen zu ersetzen. Dann habe ich das Wasser wann und in welcher Stärke und Temperatur ich es benötige (Ergebnisse einer erfolgreichen Schulentwicklung).

Dort, wo Schulsozialarbeiter mit ihrer sozialpädagogischen Fachlichkeit an Prozessen der inneren und äußeren Schulentwicklung beteiligt sind, tragen sie – teilweise entscheidend – mit dazu bei, dass sich die Schule als Lebensort positiv verändert und bestimmte Problemlagen gar nicht erst entstehen.

3.3.1 Teamsitzungen und kollegialer fachlicher Austausch

„Schulsozialarbeiter sind Einzelkämpfer.“ Diesen Satz hört man häufig, wenn es darum geht, auf Schwierigkeiten in diesem Feld Sozialer Arbeit hinzuweisen. Und sicherlich lässt sich so die Situation vieler Fachkräfte bundesweit anschaulich auf den Punkt bringen. Es ist bislang noch immer eher die Ausnahme als die Regel, dass mehr als ein Schulsozialarbeiter an einer Schule beschäftigt ist. Umso wichtiger ist der kontinuierliche fachliche Austausch mit anderen Sozialarbeitern beziehungsweise Sozialpädagogen.

> Die Gemeinde Ehningen beschäftigt für die kommunale Jugendarbeit drei hauptamtliche sozialpädagogische Fachkräfte. Zwei Schulsozialarbeiter und eine Sozialpädagogin für die gemeinwesenorientierte und offene Jugendarbeit. Als separate Fachbereiche im Amt für Familie, Jugend, Senioren und Soziales werden die Schulsozialarbeit sowie die gemeinwesenorientierte und offene Jugendarbeit jeweils von den Mitarbeitern selbst verantwortet, sind jedoch konzeptionell eng aufeinander

abgestimmt. Es sind häufig dieselben Kinder und Jugendlichen, zu denen intensiver Kontakt besteht. Viele Jugendliche sind vor- und nachmittags Schüler und am späteren Nachmittag und Abend Besucher im Haus der Jugend. Die Mitarbeiter der Kommunalen Jugendarbeit verstehen sich alle drei als Ansprechpartner für alle Ehninger Kinder und Jugendlichen.

Sie treffen sich einmal wöchentlich für neunzig Minuten zur Teamsitzung, an der in regelmäßigen Abständen auch der Amtsleiter als Vorgesetzter teilnimmt. Für die Besprechungen haben die Sozialarbeiter einen festen Ablauf vereinbart: Die Themen werden vorab mit einer persönlichen Priorität versehen dem Moderator mitgeteilt. Dieser erstellt dann die aktuelle Tagesordnung. Neben spezifischen inhaltlichen Themen der beiden Fachgebiete und dem einzelfallbezogenen Austausch stehen vor allem organisatorische Absprachen auf der Agenda. Nach einer kurzen aktuellen Runde sowie einem kurzen fachlichen Impuls, beispielsweise in Form einer Zusammenfassung eines Fachartikels oder eines Berichts von einer Fortbildung, werden aktuelle Informationen der Amtsleitung weitergegeben. Im Anschluss wird dann die Tagesordnung abgearbeitet. Das schriftliche Ergebnisprotokoll steht allen Teilnehmern kurz darauf online zur Verfügung.

In dem beschriebenen Beispiel sind alle Teammitglieder zwar beim selben Träger beschäftigt, jedoch nicht alle als Mitarbeiter in der Schulsozialarbeit tätig. Neben der Schulsozialarbeit geht es somit auch immer um die offene Jugendarbeit im Haus der Jugend oder die Zusammenarbeit mit Vereinen und Verbänden. Und gerade diese gemeinsame Diskussion über die Situation aller Kinder und Jugendlicher im Ort wirkt gewinnbringend, weil sie für alle Beteiligten die Perspektiven erweitert.

Ein Vorteil, den größere Träger mit mehreren Fachkräften in der Schulsozialarbeit zweifelsohne haben, ist der eines Fachteams, in dem sich mehrere Schulsozialarbeiter regelmäßig austauschen können.

Ein Kreisverband eines Wohlfahrtsverbandes beschäftigt insgesamt acht Schulsozialarbeiter an verschiedenen, im ganzen Landkreis verteilten Schulen. Diese treffen sich alle zwei Wochen mit ihrem Geschäftsführer in der Geschäftsstelle, um zwei Stunden lang aktuelle Themen zu besprechen, die für alle Fachkräfte von Bedeutung sind. Neben den organisatorischen Dingen des Trägers geht es vor allem um inhaltliche Fragen der konkreten täglichen Arbeit, die miteinander besprochen werden. Auch der Besuch von Fortbildungen, Fachtagen und die Mitwirkung an Arbeitskreisen wird in dieser Runde koordiniert. An vielen Stellen lassen sich so anstehende Aufgaben auf mehrere Schultern verteilen, die andernorts von nur einer Fachkraft erledigt werden müssen und so kaum zu schaffen sind.

Die Fachteammitglieder haben für sich über die Jahre auch ein System der Spezialisierung entwickelt. Nicht jeder Schulsozialarbeiter bearbeitet alle Themen selbst, gestaltet entsprechende Angebote an seiner Schule und muss sich in alles selbst einarbeiten. Einzelnen Mitarbeitern ist die Verantwortung für bestimmte Bereiche übertragen. So konnte sich ein Kompetenzpool bilden, auf den alle bei Bedarf zugreifen können. Beispielsweise werden aufwendigere erlebnispädagogische Einheiten von zwei dafür besonders geschulten Kollegen an allen Schulsozialarbeit-Standorten durchgeführt. Während diese dann zu gegebener Zeit beispielsweise auf die medienpädagogische Kompetenz ihrer Teamkollegen zurückgreifen können.

3.3.2 Regelmäßiger Austausch mit der Schulleitung

Die Woche beginnt für die Schulsozialarbeiter zusammen mit der Schulleitung. Jeden Montag treffen sich die beiden Sozialpädagogen mit Rektor und Konrektorin der Grund- und Hauptschule gleich morgens um 8.30 Uhr, um sich eine Stunde lang gegenseitig auf den aktuellen Stand der Dinge zu bringen. Man trifft sich mit einer Tasse Kaffee im Büro der Schulsozialarbeit oder im Rektorat. Gemeinsam werden Ereignisse der vergangenen Woche reflektiert, anstehende Termine vorbereitet und grundsätzliche Absprachen getroffen. Auch kritische Themen werden offen angesprochen und miteinander wird über Lösungsansätze beraten.

Bei der Einrichtung der Stelle vor zehn Jahren hatte der Schulsozialarbeiter den damaligen Rektor um einen regelmäßigen Austausch gebeten. Dieser sagte auch zu, hatte im Alltag dann aber fast wöchentlich „kreative" Begründungen, warum das geplante Treffen nicht stattfinden kann. Immer wieder traten im Alltag daraufhin Situationen ein, in denen der Rektor ein bestimmtes Vorgehen der Schulsozialarbeit nicht nachvollziehen konnte und ablehnte. Oder die sozialpädagogische Fachkraft musste immer wieder feststellen, dass sie für ihre Arbeit wichtige Informationen, beispielsweise über Sanktionen gegenüber einzelnen Schülern, nicht erhalten hatte. Sowohl die Schulleitung als auch die Schulsozialarbeit beklagten diese Intransparenz. Jedoch änderte sich lange nichts.

Erst nachdem der alte Rektor „von Bord" in den Ruhestand gegangen war und der neue Rektor „das Ruder übernahm", bat dieser seinerseits um die verbindliche Vereinbarung eines Jour fixe. Seitdem findet dieser – mit nur wenigen Ausnahmen – für alle Beteiligten verlässlich wöchentlich statt. Und seit einiger Zeit sitzen nicht nur beide Schulsozialarbeiter und der Rektor, sondern auch die Konrektorin am Tisch.

Das Beispiel zeigt, wie abhängig gelingende Kooperation von einzelnen Personen ist. Es sind Menschen, die miteinander kommunizieren. Und so müssen für eine gelingende Schulsozialarbeit eben auch zwischen ganz unterschiedlichen Individuen geeignete Wege gefunden werden, **verlässlich Informationen auszutauschen**, die für alle zur Erfüllung ihrer jeweiligen Aufgaben wichtig sind.

Dem Schulleiter obliegt die Leitung und Verwaltung der Schule und er ist „verantwortlich für die Besorgung aller Angelegenheiten der Schule und für eine geordnete und sachgemäße Schularbeit".[130] Schulleiter sind weisungsberechtigt gegenüber Lehrern, jedoch nicht gegenüber den sozialpädagogischen Fachkräften der Schulsozialarbeit.[131]

Als Mitarbeiter der Jugendhilfe sind Schulsozialarbeiter an der Schule als externe Kooperationspartner tätig, die auf Grundlage eines fachlichen Konzepts und im Rahmen einer idealerweise zwischen Schule und Träger der Schulsozialarbeit getroffenen Kooperationsvereinbarung ihre Aufgaben realisieren. Sie haben den Anspruch, dabei mit Schulleitung intensiv und „auf Augenhöhe" zusammen zu arbeiten.

In Baden-Württemberg ist die Pflege der Schulbeziehungen zur Jugendhilfe ausdrücklich als Aufgabe der Schulleitung genannt. Wie genau diese zu erfolgen hat, bleibt im Gesetz allerdings offen.

Bewährt haben sich verbindlich vereinbarte, regelmäßige Besprechungen zwischen Schulleitung und Fachkraft. Bolay et al. haben diesen Aspekt in ihrer Untersuchung beleuchtet und festgestellt, „dass an der überwiegen-

[130] § 41 Abs. 1 SchG Baden-Württemberg. Vergleichbare Passus finden sich auch in Schulgesetzen anderer Bundesländer.

[131] Ausnahmen gibt es in den (vereinzelten) Fällen, in denen die Schulsozialarbeiter bei der Schule beziehungsweise Schulbehörde angestellt sind und die Dienstaufsicht von der Schulleitung wahrgenommen wird. Ein Beispiel: Die Besetzung von Lehrerstellen mit Fachkräften für Schulsozialarbeit, siehe hierzu Ministerium für Schule und Weiterbildung des Landes Nordrhein-Westfalen 23.01.2008.

den Mehrzahl der Standorte eine regelmäßige Kommunikationskultur besteht"[132] und neben den in aller Regel wöchentlich stattfindenden Besprechungen auch zusätzlich bei Bedarf stattfindende Treffen eine wichtige Rolle spielen. „Diese Kooperation ist von einem hohen Maß an Kontinuität geprägt und stellt damit einen weiteren Hinweis auf die intensive Zusammenarbeit und die Wichtigkeit der Zusammenarbeit zwischen Schulleitung und sozialpädagogischer Fachkraft dar."[133]

3.3.3 Beratende Teilnahme an Sitzungen schulischer Gremien

Die Schulsozialarbeit ist, zumindest wenn es nicht ausdrücklich anders im Schulgesetz oder anderen Bestimmungen geregelt ist, in schulischen Gremien nicht stimmberechtigt. Beratend sollte sie aber jederzeit dabei sein können. Es empfiehlt sich, entsprechende Formulierungen in die zwischen Schule und Träger geschlossene Kooperationsvereinbarung aufzunehmen.

Da in Lehrerkonferenzen in der Regel über für das Schulleben wichtige Entwicklungen informiert und beraten wird und die Schulsozialarbeit zumindest mittelbar von den Auswirkungen betroffen ist, macht es Sinn, dass sie möglichst auf dem gleichen Informationsstand wie die Lehrer ist. Zudem können Schulleitung und Lehrer die sozialpädagogische Expertise so über die eher auf den Einzelfall gerichtete kollegiale Beratung hinaus nutzen und ihre Beratungen ganzheitlicher führen.

Gerade in den letzten Jahren hat im Zuge zunehmender Schulentwicklungsprozesse die Nachfrage sozialpädagogischer Professionalität aus Sicht vieler Lehrer und Schulleiter zugenommen. Immer häufiger werden Schulsozialarbeiter als selbstverständlicher Bestandteil des pädagogischen Teams an den Schulen gesehen und werden grundsätzlich zu allen Sitzungen schulischer Gremien, wie Gesamtlehrer-, Klassen-, Stufen-, Abteilungs- oder Schulkonferenzen, eingeladen. Die Entscheidung darüber, wann oder gegebenenfalls in welchem Umfang sie daran teilnehmen, treffen die sozialpädagogischen Fachkräfte.

Es gibt auch Schulen, an denen Schulleiter gerne und regelmäßig auf die methodische Kompetenz zur Gestaltung von Besprechungen, pädagogischen Tagen oder Arbeitsgruppen zurückgreifen. Auch das sind Kompetenzen, die bei Sozialpädagogen – ausbildungs- und berufssozialisationsbedingt – häufig eher ausgeprägt sind, als bei Schulpädagogen.

---

[132] Bolay et al. 2004, S. 78
[133] Bolay et al. 2004, S. 79

3.3.4 Zusammenarbeit mit Eltern

Eltern (oder andere Personensorgeberechtigte) sind nicht nur Zielgruppe von Schulsozialarbeit, wenn es um einzelne Kinder und Jugendliche oder die Zusammenarbeit auf Klassenebene geht, sondern sind als gesamte Elternschaft wichtige Partner bei der Gestaltung des Schullebens. In der Organisation Schule, so wie sie jeweils in den einzelnen Schulgesetzen der Länder festgelegt ist, haben Elternvertreter ihren selbstverständlichen Platz zur Mitbestimmung. Und auch nur, wenn diese rechtlich vorgesehene Partizipation gelebt wird, kann die Erziehungspartnerschaft zwischen Eltern und Schule zum Wohle junger Menschen gelingen.

Demgegenüber ist, wie bereits mehrfach verdeutlicht, die Schulsozialarbeit in den schulischen Gremien nicht stimmberechtigt, wohl aber beratend vertreten. Gerade die Eltern greifen gerne und häufig auf die Expertise der sozialpädagogischen Fachkräfte zurück.

Das Telefon klingelt. Die Vorsitzende des Elternbeirats, Frau Siegel, ruft an. Sie bittet die Schulsozialarbeiterin um einen Termin für ein persönliches Gespräch. Es gehe um eine Informationsveranstaltung der Elternschaft zur Gemeinschaftsschule. Die beiden vereinbaren ein Treffen in der kommenden Woche.

Als die beiden dann bei einer Tasse Kaffee im Büro der Schulsozialarbeit zusammensitzen, konkretisiert Frau Siegel ihr Anliegen. Der Elternbeirat hat in seiner letzten Sitzung über die Möglichkeit der Weiterentwicklung der örtlichen Grund- und Hauptschule zu einer Gemeinschaftsschule beraten.[134] Da den meisten Eltern bislang nur die in den Medien vermittelten oberflächlichen Informationen vorliegen, sehen sich viele derzeit noch nicht in der Lage, sich eine Meinung darüber zu bilden, ob diese neuartige Schulform auch für sie und ihre Kinder geeignet sein könnte. So haben die Eltern beschlossen, eine öffentliche Informationsveranstaltung zu organisieren, bei der mit unterschiedlichen Experten über zu erwartende Vor- und Nachteile diskutiert werden soll. Frau Siegel bittet die Schulsozialarbeiterin, daran als Expertin der Jugendhilfe mit ihrem sozialpädagogischen Blick auf Bildung, Erziehung und Betreuung teilzunehmen. Außer ihr sollen der Schulleiter, der Bürgermeister, ein Lehrer einer bereits bestehenden Gemeinschaftsschule aus dem Nachbarort sowie ein Vertreter aus dem Schulamt auf

[134] Nähere Informationen zu dieser in Baden-Württemberg neuen Schulart finden sich beispielsweise im Internet unter www.kultusportal-bw.de

dem Podium sitzen. Sie selbst und ein Vater, welcher als Journalist bei einer Zeitung arbeitet, würden die Abendveranstaltung moderieren.

Die Schulsozialarbeiterin sagt, dass sie selbstverständlich gerne dabei sein wolle. Sie würde dies mit ihrem Vorgesetzten besprechen und sich umgehend bei ihr melden.

Die beiden unterhalten sich noch eine Stunde über das spannende Thema, welches derzeit auch unter Fachkräften und Trägern von Schulsozialarbeit intensiv diskutiert wird. Schließlich entsprechen viele der Kerngedanken des neuen schulischen Konzepts den Grundsätzen und Handlungsprinzipien von Schulsozialarbeit.[135]

Nicht immer haben Lehrer und Eltern dieselbe Vorstellung einer „guten" Schule. Und gerade in solchen Situationen, wenn es um grundlegende Fragen der Schulentwicklung geht, sind Schulsozialarbeiter geschätzte Gesprächspartner für Eltern. Zum Einen kennen sie das System Schule mit all seinen oftmals enge Grenzen setzenden Rahmenbedingungen. Darüber hinaus wissen sie um die vielfältige Lebenswirklichkeit von Kindern und Jugendlichen und haben ein Verständnis für die Lebensbedingungen und Erwartungen von Familien. So sind sie vielmals in der Lage, auch in konflikthaften Situationen zu einem gegenseitigen Verständnis und Ausgleich der Interessen beizutragen.

Regelmäßig stellen Schulsozialarbeiter ihre Arbeit in **Elternbeiratssitzungen** vor, diskutieren mit den Eltern aktuelle Bedarfe und mögliche Handlungsstrategien und planen gemeinsame Aktionen. Sie unterstützen auf Wunsch die Eltern bei deren Beteiligung am Schulleben.

3.3.5 Beirat für die Schulsozialarbeit

Schulsozialarbeiter legen einen großen Wert auf Partizipation und verstehen es als Teil ihres Auftrags, alle für das Schulleben bedeutsamen Gruppen (Schüler, Eltern, Lehrer, Unternehmer, Gemeinderäte, außerschulische Partner) auch für die Mitgestaltung der Schulsozialarbeit zu gewinnen.

Hierzu sehen einige Träger in ihren Konzepten beratende Gremien vor: Als Beirat für Schulsozialarbeit, Team Schulsozialarbeit, Runder Tisch Schulsozialarbeit oder Arbeitskreis Schulsozialarbeit sind diese Plattform für den regelmäßigen Austausch über aktuelle Entwicklungen, Bedarfe und Handlungsstrategien. Für die **konzeptionelle Weiterentwicklung**

[135] Vgl. hierzu 2.8

können hier Eckpunkte erarbeitet werden, was zu Transparenz und letzten Endes breiter Akzeptanz führt.

Derartige Beiräte und die sich hierdurch ergebenden Vernetzungen erweisen sich auch immer wieder als wertvoll, wenn es um Fragen der Finanzierung von Schulsozialarbeit und vor allem um drohende Kürzungen geht. Hier können von der Schulsozialarbeit überzeugte Beiratsmitglieder zu wichtigen Fürsprechern werden.

3.3.6 Öffentlichkeitsarbeit – Transparenz gegenüber allen am Schulleben Beteiligten

Tue Gutes und rede darüber. Das eigene Handeln möglichst für alle Anspruchsgruppen nachvollziehbar zu machen sollte allen Schulsozialarbeitern ein echtes Anliegen sein. Das Wissen um etwas ist schließlich notwendige Voraussetzung dafür, auch einen eigenen Standpunkt dazu entwickeln zu können.

Der Weg zu Transparenz des eigenen Handelns ist eine **breit verstandene Öffentlichkeitsarbeit**. Sowohl nach innen, in die Schule hinein, als auch nach außen muss gezeigt werden, was Schulsozialarbeit ist und wie sie funktioniert. In den letzten Jahren bedienen sich die für die Öffentlichkeitsarbeit Verantwortlichen neben den klassischen Formen auch, zumindest in der Sozialen Arbeit, bislang wenig gebräuchlichen PR-Instrumenten. Insgesamt bietet sich ein breites Repertoire an wirkungsvollen Werkzeugen für die allgemeine Kommunikation, beispielsweise

- Flyer, Infobroschüren oder Postkarten,
- Pressegespräch oder Pressekonferenz bei besonderen Anlässen,
- Pressemitteilungen,
- Veröffentlichungen in amtlichen Mitteilungsblättern,
- E-Mail-Newsletter,
- eigene Website für die Schulsozialarbeit oder selbst zu pflegender Bereich innerhalb der Schulwebsite,
- eigene Profilseite bei Facebook, Google Plus und Twitter,
- Fotoausstellung oder Diaschau,
- veröffentlichte Jahresberichte,
- Radio- und/oder Fernsehbeiträge bei besonderen Anlässen,
- Tag der offenen Tür oder Aktionstag Schulsozialarbeit.

Selbstverständlich muss zuvor trägerintern und gegebenenfalls auch mit der Schulleitung abgestimmt sein, wer wann befugt ist in welcher Weise in die Öffentlichkeit zu treten. Bei größeren Trägern haben die einzelnen Fachkräfte nur eingeschränkte Möglichkeiten zur Öffentlichkeitsarbeit nach außen. Nach innen sind die meisten aber recht frei.

3.3.7 Vernetzung mit außerschulischen Kooperationspartnern

Zu den Aufgaben der Schulsozialarbeit in diesem Kernaufgabenfeld gehört explizit die Vernetzung mit außerschulischen Kooperationspartnern. Wie bereits mehrfach deutlich wurde, sind gute Schulen unter anderem durch zahlreiche Schnittstellen mit externen Partnern gekennzeichnet. Eine moderne Schule kann es sich gar nicht mehr leisten, auf die ihr gebotenen Ressourcen außerhalb der Schule und eine konsequente Sozialraumorientierung zu verzichten.

Doch werden Lehrer und damit auch die Schulleiter in ihrer Ausbildung immer noch nicht in gleichem Maße auf diese Aufgaben vorbereitet wie etwa Sozialarbeiter und Sozialpädagogen. Diese bekommen an den Hochschulen zumindest Grundlagen der Gemeinwesen- und Netzwerkarbeit vermittelt und haben eine Vorstellung davon, wie solche Kooperationen initiiert und gepflegt werden sollten.

Aber nicht nur mit Blick auf die Schule insgesamt als funktionales Gemeinwesen, sondern vor allem auch für die ureigenen Aufgaben der Schulsozialarbeit, wie die Einzelhilfe und Beratung in individuellen Problemsituationen[136], sind tragfähige Vernetzungsstrukturen mit einer Vielzahl von Partnern essentiell wichtig. „Schulsozialarbeit kann stellvertretend für die Einzelschule neue Handlungspartnerschaften erschließen und sie kann bereits bestehende Kontakte zwischen Schule und Jugendhilfe aktivieren und intensivieren.“[137] Die Kontakte sollten regelmäßig und vor allem fallunabhängig gepflegt werden.

Wichtige außerschulische Partner für die Schulsozialarbeit sind beispielsweise:

- das Jugendamt mit seinen Fachdiensten,
- (Schul-)Psychologen und Psychotherapeuten,
- Kinderärzte und Kinder- und Jugendpsychiater,

[136] vgl. 3.1
[137] Bolay et al. 2004, S. 188

- sonderpädagogische Fachdienste,
- sozialpädagogische Fachberatungsdienste und -beratungsstellen,
- Suchthilfeeinrichtungen,
- die Polizei (insbesondere die Jugendsachbearbeiter),
- Kirchen, Moscheen, Synagogen und andere religiöse Einrichtungen,
- lokale/regionale Unternehmen und deren Zusammenschlüsse (beispielsweise Handels- und Gewerbevereine),
- die Industrie- und Handelskammer und die Handwerkskammer,
- die Gemeinde- oder Stadtverwaltung,
- die Agentur für Arbeit (insbesondere die Berufsberatung),
- Vereine, Verbände und Organisationen mit Freizeitangeboten,
- für Kinder und Jugendliche bedeutsame Initiativgruppen,
- Horte und Kindertagesstätten,
- andere Einrichtungen der Jugendarbeit und Jugendsozialarbeit.[138]

3.3.8 Sozialpädagogische Begleitung der Ganztagsschule

Der Ausbaustand öffentlicher Ganztagsschulen lag 2009 bundesweit bei durchschnittlich 47 Prozent und schwankt je nach Bundesland zwischen 21 Prozent in Baden-Württemberg und knapp 99 Prozent in Sachsen.[139] Genauso uneinheitlich wie bei der Entwicklung von Ganztagsschulen insgesamt, stellt sich das Bild bei der Schulsozialarbeit in Ganztagsschulen dar.

Ganztagsschulen sind, mehr noch als die Halbtagsschulen, ein Lebensort, an dem Kinder und Jugendliche einen großen Teil ihrer Lebenszeit verbringen. Und mehr noch als die „klassische" Vormittagsschule, nach deren Ende viele junge Menschen ihre freie Zeit am Nachmittag im Jugendhaus, in Vereinen, bei und mit Freunden zuhause oder im Freien verbrachten, ist die Ganztagsschule auf eine Vernetzung mit zahlreichen außerschulischen Partnern angewiesen. „Die Schulsozialarbeit, dies hat die ‚Studie zur Entwicklung der Ganztagsschulen' (StEG) herausgefunden, ist [dabei] der größte außerschulische Partner von Ganztagsschulen in Deutschland."[140]

[138] Vgl. hierzu auch Bolay et al. 2004, S. 191 f.
[139] Statistisches Landesamt Baden-Württemberg 2011, S. 72
[140] Zickgraf 2008

Doch was bedeutet das für die Schulsozialarbeit? Was unterscheidet sie von der Schulsozialarbeit an Halbtagsschulen? Zunächst einmal haben auch die sozialpädagogischen Fachkräfte mehr Möglichkeiten, intensiv Zeit mit Kindern und Jugendlichen zu verbringen. Und diese haben in der Regel mehr Zugangsmöglichkeiten zur Schulsozialarbeit. Das heißt, dass die Beziehungsarbeit als Grundlage der Schulsozialarbeit viel besser stattfinden kann. Der Anteil der Kinder und Jugendlichen, die sich mit ihren Anliegen an die Schulsozialarbeit wenden, ist an Ganztagsschulen daher sicherlich größer als an Halbtagsschulen. In der Folge sollten Schulsozialarbeiter auch ausreichend Zeit für die sich daraus ergebenden Einzelhilfen und Beratungsgespräche sowie für die im Ganztagesbetrieb häufig intensivierte sozialpädagogische Gruppenarbeit und Projekte vorsehen. Dies trifft besonders dann zu, wenn nicht neben der Schulsozialarbeit weitere sozialpädagogische Fachkräfte beispielsweise mit betreuenden Angeboten oder mit koordinativen Aufgaben an der entsprechenden Schule tätig sind.

Aus diesem Grund ist gerade auch an Ganztagsschulen **eine klare konzeptionelle Definition der Aufgaben von Schulsozialarbeit** erforderlich. Hierbei gilt: „Organisation der Ganztagsschule, die Durchführung von Hausaufgabenbetreuung, Mittagessen- und Pausenaufsicht und Randzeitenbetreuung gehören grundsätzlich nicht zum Aufgabenprofil der Schulsozialarbeit.“[141]

3.3.9 Regionale und landesweite Netzwerke mit anderen Schulsozialarbeitern

Schulsozialarbeiter sind Einzelkämpfer. Für viele Fachkräfte trifft das zu, wenn darunter verstanden wird, dass sie an der jeweiligen Schule der einzige Sozialpädagoge oder nicht über ihren Träger in ein Team mehrerer Schulsozialarbeiter eingebunden sind. Diese Situation kann im Alltag durchaus immer wieder recht belastend wirken. Wie in anderen Berufsgruppen in vergleichbaren Situationen auch, regt sich bei den meisten Schulsozialarbeitern irgendwann der Wunsch, sich regelmäßig der eigenen sozialpädagogischen Fachlichkeit zu versichern und in den aktiven fachbezogenen Austausch mit Kollegen zu treten.

So haben sich bundesweit viele Schulsozialarbeiter in regionalen und überregionalen Netzwerken zusammengeschlossen. In diesen meist informellen Vernetzungsstrukturen, die Arbeitskreise, Regionalgruppen, Arbeitsgemeinschaften oder Netzwerkknoten heißen, treffen sich die sozial-

[141] Kommunalverband für Jugend und Soziales Baden-Württemberg 2010, S. 19

pädagogischen Fachkräfte in regelmäßigen Abständen. Abhängig von den konkreten Gegebenheiten vor Ort bestehen diese Zusammenschlüsse aus 5-30 Personen und sind in ihrer Zusammensetzung räumlich an Verwaltungsgrenzen (Stadt, Landkreis, Regierungsbezirk) orientiert.

Je nach Selbstverständnis und selbst formuliertem Auftrag beschäftigen sich die regionalen Netzwerke überwiegend mit der **Diskussion fachlicher Entwicklungen, der gegenseitigen kollegialen Beratung, organisiertem Kontakt zu gemeinsamen Kooperationspartnern, standortunabhängiger Öffentlichkeitsarbeit und der Mitwirkung an politischen Entscheidungsprozessen**. Vereinzelt werden auch gemeinsame Angebote für die Schüler an den jeweiligen Schulen geplant und durchgeführt. So hat beispielsweise die Regionalgruppe Schulsozialarbeit im Landkreis Böblingen über Jahre hinweg ein kreisweites Schüler-Fußballturnier oder kreisweite Geocaching-Aktionen organisiert.[142]

Auch in den einzelnen Bundesländern haben sich in den letzten Jahren immer mehr überregionale, landesweite Netzwerke gebildet, um die Schulsozialarbeit **fachlich-inhaltlich weiter zu entwickeln** und ihr eine **gemeinsame Stimme gegenüber Öffentlichkeit und Politik** zu geben. Die meist ehrenamtlich organisierten und teils als eingetragene Vereine verfassten Landesarbeitsgemeinschaften nehmen hierbei vielfach trägerübergreifende Aufgaben zur **Qualitätsentwicklung und -sicherung in der Schulsozialarbeit** wahr.[143]

So versteht sich beispielsweise das Netzwerk Schulsozialarbeit Baden-Württemberg e. V. als Zusammenschluss der Fachkräfte und Träger von Schulsozialarbeit und sieht seine Aufgaben zur „Vernetzung und Weiterentwicklung der Schulsozialarbeit als Handlungsfeld der Jugendhilfe in Baden-Württemberg“[144] wie folgt:

- Initiierung und Begleitung von lokalen/regionalen Netzwerken von in der Schulsozialarbeit tätigen Fachkräften,
- Interessenvertretung der Schulsozialarbeit in und gegenüber politischen Gremien auf kommunaler Ebene, Kreis- und Landesebene,
- Mitwirkung in landesweiten Gremien, die sich mit den Themen Bildung, Erziehung und Betreuung im Kontext Schule befassen,
- Entwicklung von Qualitätsstandards in der Schulsozialarbeit,

---

[142] Vgl. hierzu Landkreis Böblingen 2012

[143] Einen aktuellen Überblick über die bundesweite Vernetzung mit Kontaktadressen gibt es im Internet unter www.schulsozialarbeit-in-deutschland.de

[144] Netzwerk Schulsozialarbeit Baden-Württemberg 2007

- Beratung von Trägern und Schulen,
- Unterstützung bei der Installation neuer Schulsozialarbeit-Stellen,
- Organisation und Durchführung von Fach- und Fortbildungsveranstaltungen,
- Förderung innovativer Konzepte von Schulsozialarbeit in Baden-Württemberg,
- Trägerschaft und Betrieb der Internetwebsite www.netzwerk-schulsozialarbeit.de als Plattform zur Information, Kommunikation und Vernetzung der Schulsozialarbeit in Baden-Württemberg.

3.4 Offene Angebote für alle Schülerinnen und Schüler

Schülercafé, Freizeitgruppen, Schülertreff, aktive Pausengestaltung – das sind typische und häufig anzutreffende Beispiele für offene Angebote an alle Kinder und Jugendlichen, wie sie von Schulsozialarbeit am Lebensort Schule initiiert und organisiert werden.

Entscheidend für alle diese offenen Angebote ist, dass die Adressaten völlig frei sind in der Entscheidung, ob sie diese annehmen oder nicht. Bei ihnen handelt es sich nicht um Unterricht. Da die meiste Zeit in der Schule jedoch im Unterricht verbracht wird, stellen derartige Freizeitangebote einen eher kleinen Aufgabenbereich von Schulsozialarbeit dar.

Im Unterschied zu regelmäßig stattfindenden Arbeitsgemeinschaften oder Gruppenangeboten mit festen Gruppen über einen längeren Zeitraum hinweg[145] haben offene Angebote in der Schulsozialarbeit aus Sicht der Kinder und Jugendlichen meist einen eher kurzfristigen spontanen Charakter: Heute gehe ich ins Schülercafé – morgen gehe ich nicht hin, jetzt habe ich Lust auf eine aktive Pause – morgen vielleicht nicht …

3.4.1 Schülercafé und offener Schülertreff

An vielen Schulen gibt es Schülercafés, in denen sich Kinder und Jugendliche während ihrer unterrichtsfreien Zeit treffen können. Manchmal werden diese von sozialpädagogischen Fachkräften (mit-)betreut und begleitet.

[145] Diese beiden methodischen Ansätze der Schulsozialarbeit werden zum Kernaufgabenfeld Sozialpädagogische Gruppenarbeit, Projekte und Arbeit mit Schulklassen gezählt.

> Sevgi und Manuela verabreden sich für die Mittagspause. Nach ihrer letzten Vormittagsstunde wollen sie sich im Café Grips treffen, um eine Pizza zu essen und gemeinsam ihre Präsentation für die SMV-Sitzung vorzubereiten. Die beiden Achtklässlerinnen freuen sich, weil heute Max aus der zehnten Klasse Cafédienst hat. Bei ihm läuft immer so gute Musik. Auch Jörg, der Schulsozialarbeiter, wird da sein. Allerdings trifft er sich mit den Schülern, die bis zu den nächsten Ferien das Schülercafé betreuen, um den Einkauf zu klären und das Programm der nächsten Woche zu organisieren.
>
> Die beiden Schülersprecherinnen Manu und Sevgi sitzen am liebsten in den Korbsesseln, die hinter den Grünpflanzen am Fenster stehen. Von dort aus können Sie gut das Treiben in dem gemütlich eingerichteten Raum im hinteren Teil des Mensagebäudes beobachten.

In einem Schülercafé ist es besonders wichtig, dass sich die Kinder und Jugendlichen sowie die Erwachsenen, die sich dort aufhalten, **wohl fühlen** können. Hierzu tragen gemütlich eingerichtete Räumlichkeiten mit entsprechender Caféinfrastruktur bei.

Um die Akzeptanz bei den Schülern zu erhöhen, werden diese häufig **aktiv in die Gestaltung solcher Aufenthaltsbereiche mit einbezogen**. Überall dort, wo Schulsozialarbeit für Schülercafés verantwortlich ist, hat diese Partizipation einen besonders hohen Stellenwert und wird methodisch vielfältig realisiert.

> Schulsozialarbeiter Jörg hat heute ein „Probeessen“ für das Café-Team organisiert. Zusammen mit Maike, der Teamsprecherin in diesem Halbjahr, hat er im Großmarkt verschiedene neue Mittagssnacks besorgt. Jetzt sitzen zehn Jugendliche mit verbundenen Augen um einen runden Tisch herum. Jörg und Maike verteilen in kleinen Häppchen Baguette, Pizza, Bagels und andere Leckereien. Die „Testesser“ bewerten jeden Bissen und haben dabei sichtlich Spaß.
>
> Nach einer halben Stunde steht das Menü für die nächsten Wochen fest und die Jugendlichen machen sich an den PCs in der Ecke des Schülercafés daran, die neuen Speisekarten zu gestalten und auszudrucken.

Der **offene, ungezwungene Rahmen eines Schülercafés** ermöglicht es auch den Kindern und Jugendlichen, die sich in engeren Settings eher schwer täten, leicht Kontakt zu den Schulsozialarbeitern aufzunehmen.

Und auch für die sozialpädagogischen Fachkräfte bietet ein Schülercafé niedrigschwelligen Zugang zu Schülern, die ansonsten eher schwierig zu erreichen sind.

> „Das verstehe ich gut, dass dich das nervt!“, sagt Sevgi zu Mario aus der fünften Klasse. „Da drüben steht Jörg. Frag ihn doch mal, wie er das sieht. Bestimmt hat er einen Tipp für dich.“ Daraufhin geht der Junge zum Schulsozialarbeiter hinüber und spricht ihn an. Die beiden setzen sich an einen freien Tisch und sind kurz darauf im Gespräch vertieft.

3.4.2 Einzelne, freiwillige Angebote im Rahmen der Ganztagsschule

> Es ist frühlingshaft sonnig und warm. Schulsozialarbeiterin Saskia entscheidet spontan, am nächsten Tag in der Mittagspause ein Boule-Turnier für die Schüler der Klassen 5–7 auf dem Boule Platz der Schule anzubieten. Sie macht einen Aushang für die Mensa und das schwarze Brett im Hauptgebäude und veröffentlicht einen Hinweis auf ihrer Facebook-Seite.
>
> Am nächsten Tag um 12.30 Uhr sind zehn Kinder gekommen, um mit Saskia um die Wette zu spielen. Allen macht das Werfen der schwer sein Metallkugeln Freude und nach einer Stunde steht die Siegerin fest: Katharina aus der sechsten Klasse kann sich über einen Drei-Euro-Gutschein für das Schülercafé freuen.

Auch wenn Pausenaufsicht und Randzeitenbetreuung grundsätzlich nicht zu den Aufgaben von Schulsozialarbeit gehören[146], kann diese von sich aus Offene Angebote im Ganztagesbetrieb machen, sofern Sie diese für möglich und pädagogisch sinnvoll hält.

Als niedrigschwellige Angebote bieten solche Freizeitaktivitäten den Schulsozialarbeitern durchaus **gute Zugangswege zu den Kindern und Jugendlichen**, die gerade an Ganztagsschulen viel Zeit am Lebensort Schule verbringen. Sozialpädagogische Fachkräfte können gerade in derart offenen Settings von den jungen Menschen als erwachsene Bezugspersonen wahrgenommen werden, die nicht nur Wissen vermitteln und bei

[146] vgl. 3.4.8

Problemen für sie da sind, sondern die auch in ihrer Freizeit an ihnen Interesse haben und diese mit ihnen teilen.

3.4.3 Aktive Pausengestaltung

Es gibt einige Schulen bundesweit, an denen Schulsozialarbeiter, oftmals gemeinsam mit Schülern und manchmal mit Lehrern, die Pausenzeiten aktiv gestalten.[147]

Sascha nimmt Anlauf, springt ab und landet auf der slackline. Er balanciert vor und zurück, federt auf dem flexiblen Band ab und macht eine schnelle Drehung um 180 Grad. Geschafft! Seine Klassenkameraden klatschen und johlen. Als Nächster versucht Ahmet sein Glück. Er kann sich ganze 30 Sekunden auf dem zwischen zwei großen Bäumen gespannten Gurtband halten.

So lange konnte sich Schulsozialarbeiter Max in den letzten Wochen seit der Anschaffung dieses neuartigen Spiel- und Sportgeräts noch nicht oben halten. Aber er ist ja auch nicht der Sportlichste …

Den Tipp mit der slackline bekam Max von einer Schülerin. Sie zeigte ihm ein YouTube-Video über diese Trendsportart und fragte ihn, ob es nicht möglich sei, für die Pausen eine slackline zu beschaffen.

Kinder und Jugendliche wollen sich bewegen, Neues ausprobieren, gemeinsam mit anderen Spaß haben, sich messen und an ihre Grenzen gehen. Je mehr Zeit sie in der Schule verbringen, desto wichtiger werden dort Freiräume für alle diese Dinge.

Schulsozialarbeiter sehen das und begreifen solche Bedürfnisse als so wichtig, dass sie kreativ unterschiedlichste Konzepte entwickeln, um für sie Sorge zu tragen. So tragen sie zu einer positiven Schulkultur und zu einer Schule als aktivem Lebensort bei.

---

[147] Beispiele finden sich leicht im Internet: Kreuzschule Coesfeld, Friedrich-Kammerer-Schule Ehningen, Geestlandschule Fredenbeck, Martinusschule Kaarst, Pestalozzischule Soest, Parkringschule St. Leon-Rot

4. Schlussbemerkung

Wie wird sich die Schulsozialarbeit in den nächsten Jahren entwickeln? Es bedarf keiner „Kaffeesatzleserei", um davon auszugehen, dass sie auch weiterhin mittelfristig das Handlungsfeld der Jugendhilfe mit dem größten Wachstumspotenzial sein wird.

Neben der sich kontinuierlich durchsetzenden Erkenntnis, dass Schulsozialarbeit kein Makel, sondern ein Qualitätsmerkmal einer guten Schule ist[148], spricht dafür die zunehmende Bedeutung des Themas Bildung auf allen gesellschaftlichen Ebenen. Und dass gute Bildung eben nicht nur von Lehrern gemacht wird, sondern viel mehr Partner, und ganz zentral eben auch die Schulsozialarbeit, dazu gehören.

In diesem Sinne wird auch die planmäßige Gestaltung kommunaler Bildungslandschaften als schlüssige, aufeinander abgestimmte und lokalbezogene Gesamtsysteme von Bildung, Erziehung und Betreuung erheblich an Bedeutung gewinnen. Und wie bereits ausgeführt ist die Schulsozialarbeit auch hier ein wichtiger Baustein und Akteur.

Bleibt zu hoffen, dass der Ausbau der Schulsozialarbeit nicht nur quantitativ, sondern vor allem auch qualitativ erfolgt und erfolgen kann und der Begriff Profession Schulsozialarbeit mehr und mehr berechtigt ist.

Denn bei aller angebrachten Freude über die vielen positiven Entwicklungen der letzten und der kommenden Jahre wird es auch größere Herausforderungen geben:

Betrachtet man die vorhandenen Zahlen zur Schulsozialarbeit, stellt man schnell fest, dass wir in Deutschland insgesamt noch weit von einem flächendeckenden und bedarfsgerechten Ausbaustand entfernt sind. Und wenn sich hieran etwas ändern soll, bedarf es nicht nur vieler zusätzlicher öffentlicher finanzieller Mittel, sondern vor allem auch eines größeren Angebots an qualifizierten sozialpädagogischen Fachkräften, die über Handlungskompetenz für die Schulsozialarbeit verfügen.

Hier sind die Träger von Schulsozialarbeit, deren Fachverbände, die Hochschulen und die über öffentliche Mittel entscheidende Politik gefordert, dass Schulsozialarbeit als attraktives Arbeitsfeld für Sozialarbeiter und Sozialpädagogen gesehen und erlebbar wird.

---

[148] vgl. Kommunalverband für Jugend und Soziales Baden-Württemberg 2010

Schulsozialarbeit – ein Traumberuf? Schulsozialarbeit bietet den Rahmen, als Sozialarbeiter/Sozialpädagoge gestalten und etwas bewegen zu können, zu unterstützen und zu begleiten, für andere da zu sein und sich dabei selbst zu verwirklichen. Und immer häufiger treffen diejenigen, die in das Arbeitsfeld gehen, auf gute Rahmenbedingungen für ihr Tun. Tatsächlich ist es für viele Schulsozialarbeiter ein Traumberuf.[149]

Aber es ist auch ein anspruchsvoller Beruf mit jeder Menge Herausforderungen, die gerade Berufseinsteiger auch schnell an ihre Belastungsgrenzen bringen können. Die Vielseitigkeit macht das Arbeiten in diesem Handlungsfeld der Jugendhilfe abwechslungsreich und spannend, aber auch anstrengend und mitunter schweißtreibend.

Daher ist es unabdingbar, dass diejenigen, die Schulsozialarbeit betreiben, Profis sind: Professionell ausgebildete Sozialarbeiter/Sozialpädagogen, die sich in Studium und Berufsleben einen umfangreichen methodischen Werkzeugkoffer gefüllt haben, diesen entsprechend den Anforderungen anwenden können, ihn immer auf dem Stand der Zeit halten und lebenslanges Lernen für sich selbst als ein berufliches Leitprinzip akzeptieren. Und dabei geht – wie in anderen Arbeitsfeldern Sozialer Arbeit auch – Qualität vor Quantität.

Generalisten sind sozialpädagogische Fachkräfte sowieso, unter ihnen sind diejenigen mit zusätzlichem Spezialwissen besonders gefragt. Daher werden künftig, gerade im Zeichen des zunehmenden Fachkräftemangels, Sozialarbeiter mit einer hoch ausgeprägten sozialpädagogischen Handlungskompetenz hervorragende Berufschancen in dem rasant wachsenden Arbeitsfeld Schulsozialarbeit haben.

Und das ist traumhaft.

[149] Vgl. hierzu auch ein Interview mit dem Autor in Böhm 2009

5. Literatur

Abstein, Hans Joachim; Gastiger, Sigmund (2012): Methoden der Sozialarbeit in unterschiedlichen Arbeitsfeldern der Suchthilfe. Methoden und Konzepte der Sozialen Arbeit in verschiedenen Arbeitsfeldern. Skills-Reihe. Freiburg im Breisgau: Lambertus.

Bannenberg, Britta (2010): Herausforderung Gewalt. von körperlicher Aggression bis Cybermobbing: erkennen – vorbeugen – intervenieren. Eine Handreichung für Lehrkräfte und andere pädagogische Fachkräfte. Hg. v. Programm polizeiliche Kriminalprävention der Länder und des Bundes. Stuttgart. Online verfügbar unter http://www.polizei-beratung.de/.

Bechtler, Hildegard (1997): Krisenintervention. In: Deutscher Verein für öffentliche und private Fürsorge (Hg.): Fachlexikon der sozialen Arbeit, Frankfurt/Main: Eigenverlag. S. 595.

Behn, Sabine; Kügler, Nicolle; Lembeck, Hans-Josef; Pleiger, Doris; Schaffranke, Dorte; Schroer, Miriam; Wink, Stefan (2006): Evaluation von Mediationsprogrammen an Schulen. Empfehlungen und Ideen für die Praxis. Hg. v. Institut des Rauhen Hauses für Soziale Praxis gGmbH, Praxisbegleitung und Forschung sozialen Bereich gGmbH Im Camino – Werkstatt für Fortbildung und Institut für Sozialpädagogische Forschung Mainz e. V. Hamburg, Berlin, Mainz. Online verfügbar unter http://www.ism-mainz.de/admin/upload/File/ism_mediation.pdf, zuletzt aktualisiert am 03.03.2006, zuletzt geprüft am 07.04.2012.

Besemer, Christoph (1994): Mediation. Vermittlung in Konflikten. 10. Aufl. Karlsruhe, Königsfeld: PAZIFIX-Materialvertrieb; Stiftung Gewaltfreies Leben.

Böhm, Maria (2009): Traumberuf Schulsozialarbeit. Maria Böhm (Regie). DVD: Gewerkschaft Erziehung und Wissenschaft. Online verfügbar unter http://www.gew.de/Traumberuf_Schulsozialarbeit.html, zuletzt geprüft am 16.01.2012.

Bolay, Eberhard; Flad, Carola; Gutbrod, Heiner (2003): Sozialraumverankerte Schulsozialarbeit. Eine empirische Studie zur Kooperation von Jugendhilfe und Schule. Nr. 7 aus der Reihe Jugendhilfe: Konzepte für die Praxis. Hg. v. Landeswohlfahrtsverband Württemberg-Hohenzollern. Stuttgart (Reihe Jugendhilfe: Konzepte für die Praxis, 7). Online verfügbar unter http://tobiaslib.unituebingen.de/volltexte/2005/1785/pdf/Sozialraumver

ankerteSchulsozialarbeitNr7.pdf, zuletzt aktualisiert am 12.11.2003, zuletzt geprüft am 11.03.2012.

Bolay, Eberhard; Flad, Carola; Gutbrod, Heiner (2004): Jugendsozialarbeit an Hauptschulen und im BVJ in Baden-Württemberg. Abschlussbericht der Begleitforschung zur Landesförderung. Stuttgart: Sozialministerium Baden-Württemberg.

Bundesministerium für Familie, Senioren Frauen und Jugend BMFSFJ (Hg.) (2002): Elfter Kinder- und Jugendbericht. Bericht über die Lebenssituation junger Menschen und die Leistungen der Kinder- und Jugendhilfe in Deutschland. BT-Drucksache 14/8181. Berlin. Online verfügbar unter http://www.bmfsfj.de/doku/Publikationen/kjb/data/download/11_Jugendbericht_gesamt.pdf, zuletzt geprüft am 14.01.2012.

Bundesministerium für Familie, Senioren Frauen und Jugend BMFSFJ (Hg.) (2005): Zwölfter Kinder- und Jugendbericht. Bericht über die Lebenssituation junger Menschen und die Leistungen der Kinder- und Jugendhilfe in Deutschland und Stellungnahme der Bundesregierung. BT-Drucksache 15/6014. Berlin. Online verfügbar unter http://www.bmfsfj.de/doku/kjb/data/download/kjb_060228_ak3.pdf, zuletzt geprüft am 14.01.2012.

Bundesministerium für Familie, Senioren Frauen und Jugend BMFSFJ (Hg.) (2009): 13. Kinder- und Jugendbericht. Bericht über die Lebenssituation junger Menschen und die Leistungen der Kinder- und Jugendhilfe in Deutschland. BT-Drucksache 16/12860. Berlin. Online verfügbar unter http://www.bmfsfj.de/RedaktionBMFSFJ/Broschuerenstelle/Pdf-Anlagen/13-kinder-jugendbericht,property=pdf,bereich=bmfsfj,sprache=de,rwb=true.pdf, zuletzt geprüft am 06.04.2012.

Bundesministerium für Jugend, Familie Frauen und Gesundheit (Hg.) (1990): Achter Jugendbericht. Bericht über Bestrebungen und Leistungen. BT-Drucksache 11/6576. Bonn. Online verfügbar unter http://www.bmfsfj.de/doku/Publikationen/kjb/data/download/8_Jugendbericht_gesamt.pdf, zuletzt geprüft am 06.04.2012.

Bundesverband für Mediation e. V. (Hg.) (2002): Mediation in der Schule. Streitschlichtung zwischen Schülern und Schülern und Lehrern. Online verfügbar unter http://www.bmev.de/uploads/media/mediation-schule.pdf, zuletzt aktualisiert am 26.10.2002, zuletzt geprüft am 07.04.2012.

BÜNDNIS 90/DIE GRÜNEN Baden-Württemberg; SPD Baden-Württemberg (2011): Der Wechsel beginnt. Koalitionsvertrag zwischen BÜNDNIS 90/DIE GRÜNEN und der SPD Baden-Württemberg. Baden-Württemberg 2011-2016. BÜNDNIS 90/DIE GRÜNEN Baden-Württemberg; SPD Baden-Württemberg. Stuttgart. Online verfügbar unter http://www.gruene-bw.de/fileadmin/gruenebw/dateien/Koalitionsvertrag-web.pdf, zuletzt aktualisiert am 27.01.2012, zuletzt geprüft am 06.04.2012.

Deutscher Städtetag (2007): Aachener Erklärung des Deutschen Städtetages anlässlich des Kongresses „Bildung in der Stadt" am 22./23. November 2007. Deutscher Städtetag. Aachen. Online verfügbar unter http://www.staedtetag.de/imperia/md/content/pressedien/2007/17.pdf, zuletzt geprüft am 13.01.2012.

Deutscher Verein für öffentliche und private Fürsorge (2007): Diskussionspapier des Deutschen Vereins zum Aufbau Kommunaler Bildungslandschaften. DV 43/06 AF II. Berlin. Online verfügbar unter http://www.deutscher-verein.de/05-empfehlungen/empfehlungen_archiv/empfehlungen2007/pdf/Diskussionspapier_des_Deutschen_Vereins_zum_Aufbau_Kommunaler_Bildungslandschaften.pdf, zuletzt geprüft am 10.01.2012.

Drilling, Matthias (2001): Schulsozialarbeit. Antworten auf veränderte Lebenswelten. Bern: Haupt.

Drilling, Matthias (2009): Schulsozialarbeit. Antworten auf veränderte Lebenswelten. 4. Aufl. Bern: Haupt.

Fischer-Orthwein, Irmgard (2011): Schulsozialarbeit in Baden-Württemberg. Aktueller Stand und Entwicklungen. Kommunalverband für Jugend und Soziales Baden-Württemberg. Kommunalverband für Jugend und Soziales Baden-Württemberg, 2011. Online verfügbar unter http://www.kvjs.de/jugend/jugendarbeit-jugendsozialarbeit/schulsozialarbeit.html?eID=dam_frontend_push&docID=2723, zuletzt geprüft am 06.01.2012.

Friedrich-Kammerer-Schule Ehningen (Hg.) (2011): Klassenrat an der Friedrich-Kammerer-Schule. Konzeption für das Schuljahr 2011/2012. Online verfügbar unter http://www.fks-ehningen.de/fileadmin/data/Dokumente/Unser_Profil/Klassenrat_-_Konzeption_2011_12.pdf, zuletzt aktualisiert am 20.11.2011, zuletzt geprüft am 07.04.2012.

Galuske, Michael (2011): Methoden der sozialen Arbeit. Eine Einführung. 9. Aufl. Weinheim ; München: Juventa-Verl.

Gewerkschaft Erziehung und Wissenschaft – Hauptvorstand (Hg.) (2003): Positionspapier zur Schulsozialarbeit. Online verfügbar unter http://gew.de/Binaries/Binary28079/Schulsozialarbeit.pdf, zuletzt aktualisiert am 26.11.2003, zuletzt geprüft am 06.04.2012.

Götz-Hege, Jörg (2011): Verantwortung für mich und andere? Der Klassenrat als Möglichkeit der Entfaltung von verlässlichen Begegnungs- und Beziehungsverhältnissen in der Schule. In: Kommunalverband für Jugend und Soziales Baden-Württemberg und Netzwerk Schulsozialarbeit Baden-Württemberg (Hg.): Dokumentation der Jahrestagung Schulsozialarbeit 2011. Teil 2. Stuttgart, S. 131–136. Online verfügbar unter http://www.kvjs.de/fileadmin/dateien/jugend/jugendarbeit_jugendsozialarbeit/schulsozialarbeit/Doku_11-10-2011.pdf.

Hartmann-Hanff, Susanne (2009): Der Master of Arts (MA) Schulsozialarbeit – Überlegungen zur Professionalisierung für ein zukunftsweisendes Tätigkeitsfeld. In: Nicole Pötter und Gerhard Segel (Hg.): Profession Schulsozialarbeit. Beiträge zu Qualifikation und Praxis der sozialpädagogischen Arbeit an Schulen. 1. Aufl. Wiesbaden: VS, Verl. für Sozialwiss., S. 131–144.

Heyse, Volker; Erpenbeck, John (2009): Kompetenztraining. 64 modulare Informations- und Trainingsprogramme für die betriebliche, pädagogische und psychologische Praxis. 2. Aufl. Stuttgart: Schäffer-Poeschel.

Hurrelmann, Klaus; Bründel, Heidrun (2007): Gewalt an Schulen. Pädagogische Antworten auf eine soziale Krise. Weinheim ; Basel: Beltz.

Kanzinger, Mario (2012): Schulsozialarbeit: „Momentaufnahmen“. Ein Film von Mario Kanzinger. Mario Kanzinger (Regie). DVD. Online verfügbar unter http://www.incognito-promotion.de/ssa_mainsite.html, zuletzt geprüft am 11.04.2012.

Kommunalverband für Jugend und Soziales Baden-Württemberg (Hg.) (2010): Schulsozialarbeit in Baden-Württemberg. 2. Aufl. Kommunalverband für Jugend und Soziales Baden-Württemberg. Stuttgart.

Kooperationsverbund Jugendsozialarbeit (Hg.) (2011): Das Bildungs- und Teilhabepaket und der geplante Ausbau der Schulsozialarbeit. Informationen und Hinweise für die Träger der Jugend- und Schulsozialarbeit in den Kommunen. Online verfügbar unter http://www.jugendsozialarbeit-paritaet.de/data/hinweispapier.pdf, zuletzt aktualisiert am 19.04.2011, zuletzt geprüft am 06.04.2012.

Kooperationsverbund Schulsozialarbeit (2009): Berufsbild und Anforderungsprofil der Schulsozialarbeit. In: Nicole Pötter und Gerhard Segel (Hg.): Profession Schulsozialarbeit. Beiträge zu Qualifikation und Praxis der sozialpädagogischen Arbeit an Schulen. 1. Aufl. Wiesbaden: VS, Verl. für Sozialwiss., S. 33–46.

Kooperationsverbund Schulsozialarbeit (Hrsg.) (2009): Qualifikationsrahmen für das Berufs- und Arbeitsfeld Schulsozialarbeit. In: Nicole Pötter und Gerhard Segel (Hg.): Profession Schulsozialarbeit. Beiträge zu Qualifikation und Praxis der sozialpädagogischen Arbeit an Schulen. 1. Aufl. Wiesbaden: VS, Verl. für Sozialwiss., S. 61–76.

Kreisjugendring Böblingen; R3D – Internetdienstleistungen (Hg.) (2012): fett im chat – ein Web 2.0 Simulator. Online verfügbar unter www.fett-im-chat.de, zuletzt aktualisiert am 07.04.2012.

Kunkel, Peter-Christian (2009): Schutzauftrag nach § 8a SGB VIII. Zusammenfassung. Hochschule für öffentliche Verwaltung Kehl. Kehl. Online verfügbar unter http://www.kvjs.de/fileadmin/dateien/jugend/kinderschutz/schutzauftrag_materialpool/Schutzauftrag-Zusammenfasssung_Kunkel_1_1_09.pdf, zuletzt aktualisiert am 23.02.2009, zuletzt geprüft am 06.04.2012.

Lachat (Schlesinger), Benjamin (2010): Wir machen unsere Jugendlichen „FIT FOR JOB“– ein Beispiel der Schulsozialarbeit Ehningen. In: Kommunalverband für Jugend und Soziales Baden-Württemberg (Hg.): Schulsozialarbeit in Baden-Württemberg. Kommunalverband für Jugend und Soziales Baden-Württemberg. Stuttgart, S. 35–37.

LAG Schulsozialarbeit Sachsen (Hg.) (2010): Zur aktuellen Situation der Schulsozialarbeit in Sachsen. Stellungnahme der LAG Schulsozialarbeit Sachsen e. V. Online verfügbar unter http://schulsozialarbeit-sachsen.de/upload/Stellungnahme_2010_LAG_Schulsozialarbeit_Sachsen.PDF, zuletzt aktualisiert am 01.10.2010, zuletzt geprüft am 06.04.2012.

Landesarbeitsgemeinschaft (LAG) Schulsozialarbeit Niedersachsen (Hg.) (2009): Positionspapier der LAG zur Schulsozialarbeit in Niedersachsen. Online verfügbar unter http://lag-schulsozialarbeit-nds.de/download/Positionierung%20LAG.pdf, zuletzt aktualisiert am 13.12.2009, zuletzt geprüft am 06.04.2012.

Landkreis Böblingen (Hg.) (2011a): Impulsprogramm Schulsozialarbeit. Beschlussantrag Impulsprogramm. Online verfügbar unter http://lrabb.de/site/LRA-BB-Internet/get/407637/2011-131.pdf, zuletzt aktualisiert am 16.09.2011, zuletzt geprüft am 06.04.2012.

Landkreis Böblingen (Hg.) (2011b): Impulsprogramm Schulsozialarbeit. Beschlussantrag Förderrichtlinien. Online verfügbar unter http://lrabb.de/site/LRA-BB-Internet/get/407584/2011-163.pdf, zuletzt aktualisiert am 04.11.2011, zuletzt geprüft am 06.04.2012.

Landkreis Böblingen (Hg.) (2012): Regionalgruppe Schulsozialarbeit im Landkreis Böblingen. Unter Mitarbeit von Jörg Hanselmann. Online verfügbar unter http://lrabb.de/,Lde/start/Landratsamt/Schulsozialarbeit.html, zuletzt geprüft am 10.04.2012.

Lederer-Charrier, Jutta; Niemann, Rüdiger (2000): Cool sein – cool bleiben. Ein Reader zum Training Handlungskompetenz in Gewaltsituationen. Hg. v. Frankfurter Kinderbüro. Online verfügbar unter http://www.kinderbuero-ffm.de/index.php?option=com_content&view=article&id=73&Itemid=109.

Leyen, Ursula von der (2011): Bildungspaket für bedürftige Kinder. Berlin, 02.03.2011. Brief an Oberbürgermeisterinnen und Oberbürgermeister Landrätinnen und Landräte.

LISUM (Hg.) (2006): Evaluierte und bewährte Ansätze zur schulischen (Gewalt)prävention in der Zusammenfassung. Online verfügbar unter http://ganztag-blk.de/ganztags-box/cms/upload/ind_foerderung/BS_5_Vertrauen/137_M_lebenskompetenzprogramme.pdf, zuletzt aktualisiert am 11.12.2006, zuletzt geprüft am 10.03.2012.

Medienpädagogischer Forschungsverbund Südwest (2011): JIM-Studie 2011. Jugend, Information, (Multi-)Media. Basisuntersuchung zum Medienumgang 12- bis 19-Jähriger. Unter Mitarbeit von Peter Behrens, Thomas Rathgeb, Lena Ebert, Sabine Feierabend und Ulrike Karg. Stuttgart. Online verfügbar unter http://www.mpfs.de/fileadmin/JIM-pdf11/JIM2011.pdf, zuletzt geprüft am 07.04.2012.

Ministerium für Arbeit und Sozialordnung, Familie Frauen und Senioren Baden-Württemberg (Hg.) (2011): Informationen zum Wohnungsverweisverfahren in Fällen häuslicher Gewalt. Ministerium für Arbeit und Sozialordnung, Familie Frauen und Senioren Baden-Württemberg. Online verfügbar unter http://www.sm.badenwuerttemberg.de/fm7/1442/Wohnungsverweis-0211-Internet.pdf, zuletzt aktualisiert am 23.08.2011, zuletzt geprüft am 25.02.2012.

Ministerium für Bildung und Kultur Schleswig-Holstein (2012): Bildungsminister Klug zur Schulsozialarbeit: „Jetzt kommt Schwung in die Sache". Kiel. Online verfügbar unter http://www.schleswig-holstein.de/MBK/DE/Service/Presse/PI/2012/Maerz2012/III_Schulsozialarbeit.html, zuletzt aktualisiert am 22.03.2012, zuletzt geprüft am 06.04.2012.

Ministerium für Kultus, Jugend und Sport Baden-Württemberg (2010): Bildungsplan 2010 – Werkrealschule. Ministerium für Kultus, Jugend und Sport Baden-Württemberg. Stuttgart. Online verfügbar unter http://www.bildung-staerkt-menschen.de/service/downloads/Bildungsplaene/wrs2010/BP_WRS.pdf, zuletzt aktualisiert am 18.05.2010, zuletzt geprüft am 29.01.2012.

Ministerium für Schule und Weiterbildung des Landes Nordrhein-Westfalen (23.01.2008): Beschäftigung von Fachkräften für Schulsozialarbeit in Nordrhein-Westfalen – RdErl. d. Ministeriums für Schule und Weiterbildung v. 23.01.2008. Online verfügbar unter http://www.schulministerium.nrw.de/BP/Schulrecht/Erlasse/Runderlass_vom_23_01_2008.pdf.

Ministerium für Soziales, Familie und Gesundheit Freistaat Thüringen; Ministerium für Bildung, Wissenschaft und Kultur Freistaat Thüringen (Hg.) (2012): Taubert und Matschie kündigen „Landesprogramm Schulsozialarbeit" an. Gemeinsame Medieninformation von Thüringer Bildungs- und Sozialministerium. Online verfügbar unter http://thueringen.de/de/tmsfg/aktuell/presse/62525/uindex.html, zuletzt aktualisiert am 15.03.2012, zuletzt geprüft am 06.04.2012.

Müller, Ulrich; Schweizer, Gerd; Wippermann, Sven (Hg.) (2008): Visionen entwickeln – Bildungsprozesse wirksam steuern – Führung professionell gestalten. Dokumentation zum Masterstudiengang Bildungsmanagement der Landesstiftung Baden-Württemberg. 1. Aufl. Bielefeld: Bertelsmann.

Müller, Ulrich (2009): Bildungsmanagement – ein orientierender Einstieg. In: Michael Gessler (Hg.): Handlungsfelder des Bildungsmanagements. Ein Handbuch. Münster, München, Berlin: Waxmann (Waxmann Studium), S. 67–90.

Münder, Johannes; Baltz, Jochem; Jordan, Erwin; Kreft, Dieter; Lakies, Thomas; Proksch, Roland et al. (2003): Frankfurter Kommentar zum SGB VIII: Kinder- und Jugendhilfe. 4., vollst. überarb. Aufl., Stand: 1.1.2003. Weinheim ;, Berlin ;, Basel: Beltz, Votum.

Netzwerk Schulsozialarbeit Baden-Württemberg (2007): Satzung. eingetragen in das Vereinsregister beim Amtsgericht Stuttgart VR 720393. Stand: 12.10.2007. Ehningen. Online verfügbar unter http://www.netzwerk-schulsozialarbeit.de/cms/component/docman/doc_download/7-satzung-stand-12102007, zuletzt aktualisiert am 27.03.2008, zuletzt geprüft am 11.04.2012.

Netzwerk Schulsozialarbeit Baden-Württemberg (Hg.) (2012): Stellungnahme zum Eckpunkteentwurf. Eckpunkte zur Förderung der Jugendsozialarbeit an Schulen. Online verfügbar unter http://www.netzwerk-schulsozialarbeit.de/cms/oeffentlichkeitsarbeit/downloads/doc_download/122-eckpunkteentwurf-landesfoerderung-schulsozialarbeit-stellungnahme-netzwerk-schulsozialarbeit-ba-wue, zuletzt aktualisiert am 08.02.2012, zuletzt geprüft am 06.04.2012.

Rademacker, Hermann (2009): Schulsozialarbeit – Begriff und Entwicklung. In: Nicole Pötter und Gerhard Segel (Hg.): Profession Schulsozialarbeit. Beiträge zu Qualifikation und Praxis der sozialpädagogischen Arbeit an Schulen. 1. Aufl. Wiesbaden: VS, Verl. für Sozialwiss., S. 13–31.

Sächsisches Landesamt für Familie und Soziales – Landesjugendamt (Hg.) (2003): Fachempfehlung zur Schulsozialarbeit im Freistaat Sachsen. Online verfügbar unter http://www.familie.sachsen.de/download/familienportal/lja_empf_ssa_03.pdf, zuletzt aktualisiert am 14.11.2003, zuletzt geprüft am 06.04.2012.

Schulsozialarbeit Ehningen (Hg.) (2008): Leitfaden zur Unterstützung im Umgang mit vermuteter oder tatsächlicher Kindeswohlgefährdung. für die Friedrich-Kammerer-Schule in Ehningen. Online verfügbar unter www.schulsozialarbeit-ehningen.de, zuletzt aktualisiert am 20.04.2008, zuletzt geprüft am 07.04.2012.

Schulsozialarbeit Ehningen (Hg.) (2012a): Konzept | Schulsozialarbeit Ehningen 2012. Unter Mitarbeit von Jörg Hanselmann und Benjamin Lachat. Online verfügbar unter www.schulsozialarbeit-ehningen.de, zuletzt aktualisiert am 26.03.2012, zuletzt geprüft am 06.04.2012.

Schulsozialarbeit Ehningen (Hg.) (2012b): Konzept 2011/2012. Cool sein – Cool bleiben. Training zum Erwerb von Handlungskompetenz in Gewaltsituationen. Online verfügbar unter www.schulsozialarbeit-ehningen.de.

Speck, Karsten (2006): Qualität und Evaluation in der Schulsozialarbeit. Konzepte, Rahmenbedingungen und Wirkungen. 1. Aufl. Wiesbaden: VS Verl. für Sozialwissenschaften.

Speck, Karsten (2009): Schulsozialarbeit. Eine Einführung. 2. Aufl. München ;, Basel: E. Reinhardt.

Speck, Karsten; Olk, Thomas (Hg.) (2010): Forschung zur Schulsozialarbeit. Stand und Perspektiven. Weinheim, München: Juventa-Verl.

Statistisches Landesamt Baden-Württemberg (Hg.) (2011): Baden-Württemberg – ein Standort im Vergleich. Statistisches Landesamt Baden-Württemberg. Stuttgart.

Stuttgarter Zeitung Verlagsgesellschaft (Hg.) (2011): "Wir unterliegen der Schweigepflicht". Der Schulsozialarbeiter Benjamin Lachat steht Rede und Antwort über die Besonderheiten seiner Tätigkeit. Online verfügbar unter http://www.stuttgarter-zeitung.de/inhalt.wir-unterliegen-der-schweigepflicht.f827af8d-1e5e-4c93-966e-aeda386bd4e4.html, zuletzt aktualisiert am 27.09.2011, zuletzt geprüft am 06.04.2012.

Verwaltungsgericht Weimar, Gerichtsbescheid vom 10.03.2005, Aktenzeichen 5 K 4/02.We.

Weiß, Wolfgang W. (2011): Kommunale Bildungslandschaften. Chancen, Risiken und Perspektiven. Weinheim ;, München: Juventa-Verl.

Wilhelm-Kraft-Gesamtschule (Hg.) (2005): Klassenratsstunde. Online verfügbar unter http://wkge.info/schulprogramm/pdf/klassenratsstunde.pdf, zuletzt aktualisiert am 19.07.2005, zuletzt geprüft am 07.04.2012.

Winter, Ann-Sophie (2009): Klassenrat – Zeit für uns! Online verfügbar unter http://wir-sind-klasse.org/uploads/media/klassenrat.pdf, zuletzt aktualisiert am 07.04.2009, zuletzt geprüft am 07.04.2012.

Zickgraf, Peer (2008): Wie viel Schulsozialarbeit braucht die Ganztagsschule? Hg. v. Bundesministerium für Bildung und Forschung. Online verfügbar unter http://www.ganztagsschulen.org, zuletzt aktualisiert am 05.12.2008, zuletzt geprüft am 10.04.2012.

Zinnowwald-Grundschule Berlin-Zehlendorf (Hg.) (2010): Konzept zum Klassenrat – Zinnowwald-Grundschule 2010. Online verfügbar unter http://www.zinnowwald.cidsnet.de/Dokumente/Schulprogramm_2011/Konzept_Klassenrat.pdf, zuletzt aktualisiert am 18.03.2012, zuletzt geprüft am 07.04.2012.

Der Autor

Benjamin Lachat

Dipl. Sozialarbeiter (FH), Mediator in Jugendhilfe und Schule

Nach seinem Studium der Sozialarbeit an der Katholischen Fachhochschule Freiburg begann Benjamin Lachat als Schulsozialarbeiter im Amt für Familie, Jugend, Senioren und Soziales der Gemeinde Ehningen. An der Friedrich-Kammerer-Schule entwickelte er „die vier Puzzleteile“, das Konzept der Schulsozialarbeit Ehningen. Dieses lebt er bereits seit zehn Jahren, zunächst allein und mit einer vollen Stelle, mittlerweile zusammen mit einem Kollegen und – im Rahmen seiner Elternzeit – mit einer 50-Prozent-Stelle.

Er ist Gründungsinitiator und Vorsitzender des Netzwerks Schulsozialarbeit Baden-Württemberg e. V. und regelmäßig als Prozessbegleiter und Fachberater für die Schulsozialarbeit landesweit tätig.

Derzeit studiert Benjamin Lachat berufsbegleitend im Masterstudiengang Bildungsmanagement an der Pädagogischen Hochschule Ludwigsburg.